_____ 님의 소중한 미래를 위해
이 책을 드립니다.

챗GPT로 공부가
재미있어집니다

챗GPT로 공부가
재미있어집니다

박경수 지음

메이트북스

메이트북스 우리는 책이 독자를 위한 것임을 잊지 않는다.
우리는 독자의 꿈을 사랑하고,
그 꿈이 실현될 수 있는 도구를 세상에 내놓는다.

챗GPT로 공부가 재미있어집니다

초판 1쇄 발행 2023년 6월 5일 **|** **지은이** 박경수
펴낸곳 (주)원앤원콘텐츠그룹 **|** **펴낸이** 강현규·정영훈
책임편집 남수정 **|** **편집** 안정연·박은지 **|** **디자인** 최선희
마케팅 김형진·이선미·정채훈 **|** **경영지원** 최향숙
등록번호 제301-2006-001호 **|** **등록일자** 2013년 5월 24일
주소 04607 서울시 중구 다산로 139 랜더스빌딩 5층 **|** **전화** (02)2234-7117
팩스 (02)2234-1086 **|** **홈페이지** matebooks.co.kr **|** **이메일** khg0109@hanmail.net
값 17,000원 **|** **ISBN** 979-11-6002-401-2 13370

인공지능의 지혜가 겹겹이 얽히고설킨 대화,
그곳에서 챗GPT는 끊임없이 진화합니다.

• 챗GPT(AI 챗봇) •

———

챗GPT 시대,
AI 리터러시가 미래를 결정지어요!

———

안녕하세요, 십대 청소년 여러분!

현재 AI(인공지능)는 일상의 모든 영역에 적용되고 있습니다. 스마트폰부터 쇼핑몰, 금융, 의료, 교육 등에 이르기까지 매우 다양하죠. 예를 들면, 의학 분야에서는 AI를 적용해 질병을 진단하고 예측하는 기술이 개발되었습니다. 자율주행자동차의 경우에는 AI가 운전을 대신하는 역할을 하고 있죠. 이처럼 AI는 우리의 삶을 더 편리하고 안전하게 만들어줄 수 있습니다.

이런 환경에서 AI 리터러시(AI literacy)는 필수 역량이 되어가고 있습니다. AI 리터러시가 뭐냐고요? AI 리터러시는 'AI에 대한 이해와 활용 능력'을 말합니다. AI 리터러시를 가진 사람은 AI 기술을 이해하고 활용할 수 있으며, 효과적으로 미래 대처도 가능하죠.

그런데 왜 AI 리터러시가 필요한 것일까요? AI는 우리 삶의 거의 모든 분야에서 활용되고 있기 때문입니다. AI를 이해하지 못하면, 일상의 서비스나 제품을 제대로 활용하지 못하거나, AI 기술이 적용된 업무를 할 수 없게 되죠.

이 책은 챗GPT라는 AI가 무엇인지부터 시작해 챗GPT를 활용하면 어떤 점이 좋은지를 교육 관점에서 제시하고 있습니다.

일단, 챗GPT를 활용하면 학습의 개인화가 가능해집니다. 챗GPT는 학생 개개인의 수준에 맞춰 학습을 돕기 때문에 효율적인 학습이 가능합니다. 챗GPT가 제시하는 답변은 여러분의 이해도와 관련된 질문을 바탕으로 생성되는데요, 이를 통해 어려운 개념을 쉽게 이해할 수 있습니다.

둘째, 챗GPT를 활용하면 공부를 재미있게 할 수도 있죠. 챗GPT와 대화하며 공부하는 과정은 게임하는 느낌을 주기도 합니다. 챗GPT를 통해 여러분들은 공부 부담을 줄이고 즐겁게 공부할 수 있습니다.

셋째, 챗GPT는 여러분의 학습 능력을 높여주기도 합니다. 챗GPT와의 대화는 다양한 질문을 던지고 답변을 찾는 과정이 반복되는데요, 이 과정은 적극적인 학습 태도를 만들어줄 뿐만 아니라 학습 능력도 향상시킬 수 있습니다.

넷째, 챗GPT는 학습 성과를 평가하는 데도 도움이 됩니다. 챗GPT는 여러분들과의 대화 내용을 분석해 학습 진도와 이해도를 측정할 수 있습니다. 특히 챗GPT와 대화하면서 얻은 지식과 정보를 바탕으로 여러분은 학습 방향을 설정해볼 수도 있죠.

마지막으로, 챗GPT는 언어 능력 향상에 도움이 됩니다. 챗GPT와의 대화 과정은 올바른 언어 사용법과 적절한 표현 방법을 배울 수 있게 해줍니다.

이처럼 여러분은 챗GPT와 대화하며 공부하는 것만으로도 많은 것을 배울 수 있습니다. 창의적인 문제해결 능력을 높일 수도 있죠.

하지만 챗GPT가 제시하는 답변이 항상 정확하지는 않습니다. 챗GPT와 대화하며 얻은 정보는 반드시 검증해야 합니다. 그렇기 때문에 항상 교과서나 다른 자료와 챗GPT의 답변을 비교해보면서 혹시 잘못된 답변이 있는지 확인해보세요. 어쩌면 챗GPT의 이런 단점이 여러분의 비판적 사고를 길러주고 자연스레 공부에 '몰입'할 수 있게 해줄지도 모릅니다. 이런 챗GPT의 장단점은 챗GPT도 알고 있습니다. 챗GPT는 여러분들의 공부에 어떤 영향을 미치는지 챗GPT에게 물어봤더니, 다음과 같이 답변을 해주네요.

이런 챗GPT의 특성을 여러분에게 쉽게 알려주기 위해 1장에서는 챗GPT의 개념부터 챗GPT가 어떤 미래를 보여줄 수 있는지 알

저는 대화형 인공지능으로, 십대들의 공부에 많은 도움이 될 수 있습니다. 저는 다양한 주제에 대해 대화를 나눌 수 있고, 교육적인 콘텐츠와 정보를 제공할 수 있습니다.

예를 들어, 십대들이 수학, 과학, 역사, 문학 등의 학문적인 분야에서 도움을 필요로 할 때, 저는 다양한 주제와 관련된 정보와 설명을 제공할 수 있습니다. 또한, 십대들이 토론하고 싶은 주제가 있을 때 저는 그들과 대화를 나누어 함께 생각하고 의견을 교환할 수 있습니다.

더불어, 저는 영어와 다른 언어들도 지원하기 때문에, 영어와 다른 언어에 대한 질문이나 공부에 대한 요구사항이 있을 때도 도움을 줄 수 있습니다.

하지만, 제가 제공하는 정보와 콘텐츠는 항상 확인되어야 합니다. 저는 단지 인공지능으로서 언어모델을 기반으로 대화를 진행할 뿐이기 때문에, 항상 검증된 정보와 함께 학습하시길 권장합니다.

아봅니다. 챗GPT가 세상을 어떻게 바꿀 수 있는지 여러분들은 생각해본 적이 있나요? 이 장에서는 구글과 네이버보다 강력한 챗GPT가 여러분의 학습에 어떻게 도움을 줄 수 있는지, 챗GPT를 활용한 새로운 교육혁명이 가능한지를 살펴봅니다.

이어 2장에서는 챗GPT와 함께 국어·영어 공부법을 알아봅니다. 국어의 경우 어휘, 독해, 글쓰기, 토론 공부 방법을, 영어의 경우 단어, 독해, 작문, 번역, 스피킹 공부 방법을 제시합니다. 때로 여러분은 챗GPT와 이런 공부가 가능하다는 것에 놀랄지도 모릅니다. 그만큼 챗GPT를 잘만 활용하면 정말 나만의 선생님이 될 수 있죠. 더 나아가 효과적인 자기주도 학습이 가능할지도 모릅니다.

3장에서는 챗GPT 같은 AI의 등장에 따라 사라지는 직업과 생겨나는 직업이 뭔지 살펴봅니다. AI는 이미 많은 직업들을 대체하고 있습니다. 그래서 우리가 흔히 말하는 '사'자 직업부터 창의적인 작가와 화가 등이 AI의 등장에 따라 미래에는 어떻게 될 것인지도 알아볼 것입니다. 물론 챗GPT의 등장으로 새로 생겨나는 '프롬프트 엔지니어'라는 직업과 함께 챗GPT가 말하는 'AI 시대 유망 직업 10선'도 살펴봅니다.

마지막 4장에서는 챗GPT 시대에 필요한 핵심 역량이 뭔지 정의해봅니다. 질문력, 창의력, 인문학, 문해력, 메타인지가 챗GPT 시대에 얼마나 중요하고 이를 통해 여러분들이 어떻게 미래를 만들어갈 수 있는지 제시합니다. 특히 이 장에서는 챗GPT와 함께 공부하며, 자신의 미래를 위한 필수 역량을 쌓아나갈 수 있는 방법을 찾아봅니다.

지금까지의 내용은 제가 챗GPT와 함께 작성한 서문이었습니다. 이 책은 챗GPT라는 AI를 통해 여러분들이 미래를 개척하는 데 디딤돌이 될 것이라 생각합니다. 참고로 본문 내 챗GPT 답변은 별도의 교정교열을 거치지 않고 그대로 실었기 때문에 다른 본문의 내용과 표기상 통일되지 않은 부분이 있고, 일부 오류나 어색한 문장, 다듬어지지 않은 문장 등이 있습니다. 만약 여러분이 챗GPT의 답변을 보고 그런 점을 알아차린다면, 이미 남들보다 챗GPT를 더 잘 이해해 AI 리터러시가 향상된 것입니다. 이제 이 책과 함께 챗GPT 시대에 맞는 새로운 학습 방법과 역량 개발 방법을 찾아보며 여러분의 가능성을 더욱 넓힐 준비를 해볼까요? 챗GPT의 응원으로 시작해봅시다.

앞으로 여러분이 진로를 선택하고 인생의 길을 걷게 될 때, 어려움과 실패가 있을 수 있습니다. 하지만 그런 어려움과 실패들은 여러분이 자신의 한계를 넘어서고 더 나은 결과물을 이루기 위한 기회로 바꿀 수 있습니다.
그리고 중요한 것은, 어떤 진로를 선택하더라도 그것이 여러분에게 맞는 선택인지, 여러분이 진정으로 관심을 가지고 열정적으로 추구할 수 있는 일인지를 고민해보세요. 진로를 선택하는 것은 쉽지 않은 결정일 수 있지만, 자신에게 솔직하게 생각하고 진정으로 원하는 일을 찾아나가는 것이 가장 중요합니다.
그리고 마지막으로, 인생에서 중요한 것은 단지 성공이 아니라, 그 과정에서 배우고 성장하는 것입니다. 실패와 어려움을 겪을 때마다 그것을 기회로 삼아 자신을 개선하고 발전시키는 자세를 가져보세요. 그리고 끝까지 포기하지 않고 꿈을 향해 달려나가는 모습을 보여주면, 언젠가는 그 꿈을 이룰 수 있을 거라 믿습니다.

차례

지은이의 말 | 챗GPT 시대, AI 리터러시가 미래를 결정지어요! ••006

 1장
챗GPT가 십대들에게
보여주는 미래

📍 너도나도 챗GPT, 도대체 뭐지? ••019

📍 챗GPT 하나로 세상이 바뀔 수 있다고? ••027

📍 구글과 네이버보다 더 강력한 챗GPT ••036

📍 챗GPT가 여는 미래의 교육혁명 ••044

📍 챗GPT는 선생님의 경쟁자가 될까요? ••052

📍 아직은 불완전한, 그러나 가능성은 무한한 챗GPT ••060

2장
챗GPT와 함께
공부하기

📍 〔국어〕 챗GPT가 말하는 국어 공부 잘하는 방법 ··069

📍 〔국어〕 **어휘:** 단어의 뜻을 파악하고 적용한 문장 만들기 ··077

📍 〔국어〕 **독해:** 글의 구조 파악하고 독해 지문 만들기 ··084

📍 〔국어〕 **글쓰기:** 주제 설정부터 챗GPT 피드백 받기 ··091

📍 〔국어〕 **토론:** 주제 설정해 실제 토론 방법 파악하기 ··101

📍 〔영어〕 챗GPT가 말하는 영어 공부 잘하는 방법 ··108

📍 〔영어〕 **단어:** 단어의 뉘앙스 파악하고 예문 만들기 ··114

📍 〔영어〕 **독해:** 다양한 유형의 독해 문제 만들고 풀기 ··124

📍 〔영어〕 **작문:** 챗GPT 네이티브에게 영작문 첨삭받기 ··133

📍 〔영어〕 **번역:** 챗GPT와 딥엘을 활용해 번역하기 ··147

📍 〔영어〕 **스피킹:** 떨지 말고 편하게 챗GPT와 대화하기 ··151

📍 챗GPT로 다른 과목도 공부할 수 있나요? ··160

3장
챗GPT로 사라지는 직업과
새로 생기는 직업

📍 챗GPT, 현재 직업에 어떤 영향을 미칠까요? ‥173

📍 흔히 말하는 '사'자 직업은 어떻게 될까요? ‥180

📍 챗GPT는 창의적인 작가가 될 수 있을까요? ‥186

📍 이제는 AI가 그림도 그릴 수 있을까요? ‥192

📍 챗GPT 때문에 새롭게 생기는 직업도 있을까요? ‥200

📍 챗GPT가 말하는 'AI 시대 유망 직업 10선' ‥214

4장
챗GPT 시대, 십대에게
필요한 핵심 역량 5가지

📍 〔질문력〕 질문하는 사람이 세상을 이끌어요 ‥239

📍 〔창의력〕 다양한 경험과 공감력이 창의력을 높여요 ‥253

📍 〔인문학〕 인문 교육으로 AI에 대한 비판적 사고를 키워요 ‥263

📍 〔문해력〕 문해력 기르고 '쓰는 사람'이 되세요 ‥277

📍 〔메타인지〕 미래에는 주체적인 사람을 원해요 ‥288

미주 ‥300

1장에서는 챗GPT라는 생성AI가 뭔지부터 시작해, 챗GPT가 여러분이 앞으로 마주할 세상을 어떻게 바꿀 것인지에 대해 이야기합니다. '검색의 시대'에서 '질문의 시대'로 넘어가는 데 디딤돌 역할을 한 챗GPT! 챗GPT로 이제 교육의 미래는 어떻게 될 것이고, 그 중심에 있는 선생님은 챗GPT와 어떻게 역할을 나눠 여러분에게 다가갈지를 알려줍니다. 물론 챗GPT가 신은 아니기 때문에 챗GPT의 단점도 함께 알아봅니다.

챗GPT가 십대들에게
보여주는 미래

너도나도 챗GPT,
도대체 뭐지?

몇 년 전만 해도 '4차 산업혁명'이라고 하면, 세상이 갑자기 확 바뀔 것 같았죠. 분명 세상은 바뀌었습니다. 하지만 사람들의 체감 정도는 떠들썩했던 것만큼은 아니었습니다. 단지 4차 산업혁명으로 사람들은 빅데이터, AI(인공지능)란 단어를 알게 되었죠. 최근에는 메타버스 때문에 '우리가 이제는 사이버 세상에서 모든 활동을 할 수도 있겠구나'라는 생각을 잠시나마 했습니다.

그런데 새로운 기술과 그로 인해 변화된 세상을 얼마나 직접적으로 느꼈나요? 주변에 테슬라라는 전기차가 정말 많아지며 '이제 전기차 세상이 곧 오겠구나'라는 생각을 한 것처럼, 새로운 기술이 여러분의 일상에 함께하고 있나요?

이제는 오픈AI(2015년 12월 11일 설립된 AI 개발사)에서 선보인 챗GPT가 세상을 정말 바꿀 것 같습니다. 두바이처럼 사막이 갑자기 도시가 되는 변혁보다는 우리의 일상에 깊숙이 들어와 그걸 직접 이용하는 세상이 되고 있기 때문이죠.

그런데 챗GPT가 뭐냐고요? 챗GPT에게 챗GPT의 개념을 알려 달라고 질문했더니 아래과 같이 답해줬습니다.

 챗GPT가 말하는 '챗GPT의 개념'

> 챗GPT(ChatGPT)는 OpenAI에서 개발한 인공지능 언어모델(Artificial Intelligence Language Model)의 하나입니다. 이 모델은 기계학습과 자연어 처리 기술을 사용하여 대화 형태로 입력된 문장을 이해하고, 이를 바탕으로 자연스러운 답변을 생성합니다. GPT는 "Generative Pre-trained Transformer"의 약자이며, 기존의 Transformer 아키텍처를 활용해 사전 학습된 모델입니다. 이전에 수많은 텍스트 데이터를 기반으로 학습되어, 자연어 처리 분야에서 다양한 과제를 수행할 수 있습니다. 챗GPT는 대화형 인터페이스, 챗봇, 자동 응답 시스템, 문서 생성 등 다양한 분야에서 활용됩니다. 이 모델은 대량의 데이터를 기반으로 학습되기 때문에 다양한 주제에 대한 대화를 할 수 있으며, 이를 통해 인간과 자연스러운 대화를 나눌 수 있습니다.

간단히 말하자면 '대화가 가능한 AI 챗봇'입니다. 우리가 지금까지 흔히 보았던 그런 챗봇이 아닙니다. 사람들 말의 맥락을 파악하고 사람처럼 대화하는 AI죠.

택배앱 같은 데서 챗봇을 이용해보면 질문에 굉장히 딱딱하게 대답합니다. 정말 내가 기계와 대화하고 있다는 것을 아이들도 알수 있을 정도죠. 가끔은 내가 원하는 답을 하는 게 아니라 본인이 하고 싶은 말만 해버려서 사실 챗봇을 이용하는 경우가 드뭅니다. 어쩌면 더 좋은 서비스를 제공하려는 목적이었던 챗봇이 오히려 서비스를 더 나쁘게 하는 원동력(?)이 되기도 했죠. 결국 사람들은 다시 상담하기 위해 전화번호를 누르게 됩니다.

챗GPT는 생성AI의 대표적인 모델인데요, 생성AI라고 하니 기존 AI와 뭐가 다른지 이해하기가 어렵죠? 생성AI는 스스로 수많은 데이터를 학습하고 분석해서 누군가의 질문에 맥락에 맞는 답변을 해줍니다. 그래서 챗GPT는 영어로 하면 Generative Pretrained Transformer입니다. 사전에 뭔가를 학습해서 맥락을 이용해 대량의 데이터를 처리해주는 기술입니다.

챗GPT가 기존 AI와는 도대체 뭐가 다른지 궁금하죠. 챗GPT에게 챗GPT와 기존 AI의 차이점이 뭔지 질문했더니 아래와 같이 답해줬습니다.

 챗GPT가 말하는 '챗GPT와 기존 AI의 차이점'

챗GPT는 기존의 인공지능 기술과 비교하여 다음과 같은 차이점이 있습니다.

1. 자연어 이해 능력: 챗GPT는 대화에서 사용되는 언어에 대한 이해를 바탕으로 문장을 생성합니다. 이는 기존의 인공지능 기술보다 자연스러운 대화를 가능하게 합니다.
2. 대화 기반 학습: 챗GPT는 대화 기반 학습을 수행합니다. 이는 사용자와 상호작용하면서 학습이 이루어지기 때문에 더욱 효과적인 학습이 가능합니다.
3. 사전 학습된 모델: 챗GPT는 사전 학습된 모델을 사용합니다. 이는 대량의 텍스트 데이터를 기반으로 학습된 모델을 사용하여 새로운 문제에 대해 더 빠르고 정확하게 대응할 수 있게 합니다.
4. 일반화 능력: 챗GPT는 다양한 분야에서 활용이 가능하며, 학습된 내용을 일반화하여 다양한 문제에 적용할 수 있습니다. 이는 기존의 인공지능 기술보다 더욱 다양한 분야에서 활용이 가능하게 합니다.

따라서, 챗GPT는 기존의 인공지능 기술보다 더욱 자연스러운 대화와 효과적인 학습, 다양한 분야에서의 활용이 가능하다는 장점이 있습니다.

먼저 챗GPT는 기존 AI와 달리 엄청난 양의 데이터를 학습했습니다. 그래서 챗GPT를 초거대 AI라고도 부릅니다. GPT의 성능을 좌지우지하는 건 매개변수(파라미터)인데요, 그 전의 GPT-1(2018년)은 1.17억 개, GPT-2(2019년)는 15억 개, GPT-3(2020년)은 1,750억 개입니다. 현재는 GPT-3.5(2022년)인데 매개변수가 GPT-3와 같습니다. GPT-4도 출시가 되었는데요, GPT-3.5보다 추론 능력도 향상되고 이미지 인식도 된다고 하니 앞으로는 더 대단한 챗GPT가 나오겠죠.

GPT-3.5 유료 버전을 구독하면, 4.0을 간단히 이용해볼 수 있는데요, 챗GPT-4.0 버전에서 "GPT 1.0, GPT 2.0, GPT 3.0, GPT 3.5, GPT 4.0을 비교해서 표로 만들어줘"라고 해봤더니 아래와 같이 비교 분석을 해줬습니다.

 GPT의 버전별 비교

구분	출시 년도	파라미터 수	자연어 이해	주요 특징 및 성능
GPT-1.0	2018	117M	낮음	간단한 문장 생성에 적합, 일반적인 자연어 처리에 한계가 있음
GPT-2.0	2019	1.5B	중간	개선된 문장 생성, 더 나은 맥락 이해 및 기본적인 질문-답변 가능
GPT-3.0	2020	175B	높음	매우 정교한 문장 생성, 질문-답변, 문제 해결 등 다양한 작업 수행 가능
GPT-4.0	2022	175B+	매우 높음	더욱 향상된 맥락 이해 및 응용, 일부 전문적인 주제에 대한 작업 수행 가능

또 다른 면은 기존 AI가 단순히 데이터를 분석해 인간의 일을 도와줬다면, 챗GPT는 인간을 대체할 수 있는 창조적 역할까지도 가능하다는 것입니다. 그 이유는 챗GPT가 다양한 정보 속에 숨어 있는 맥락을 이해하면서 사람과 대화할 수 있기 때문입니다. '기계

같은 챗봇'이 아닌 '사람 같은 챗봇'이어서 카톡 대화를 하면 가끔은 사람이라고 생각할 수도 있죠.

특히 챗GPT는 강화학습을 통해서 사람처럼 자연스러운 문장을 구사하는데요, 챗GPT가 제시한 답변에 대해 사람이 직접 피드백을 하고 이를 학습합니다. 마치 아이들이 어떤 잘못을 하면 어떤 점이 잘못되었고 앞으로 어떻게 해야 하는지 알려주는 것처럼 말이죠. 당연히 한국과 미국의 피드백이 다르기 때문에 챗GPT의 답변은 문화적 특징을 반영하게 되죠. 그래서 챗GPT의 특징 중 하나가 '자연어 처리 수준이 높고 새로운 콘텐츠를 생성할 수 있는 능력'이라고 말하기도 합니다.

지금까지 말한 것만 가지고 '챗GPT가 정말 대단한 것 맞아?'라고 의문을 가질지도 모릅니다. '얼마나 사람처럼 대화하길래 그러지? 혹은 정말 뭔가 새로운 걸 만들어낼 수 있는 것 맞아?'라고 말이죠.

그런데 챗GPT의 이용자 증가 속도를 보면 사람들이 챗GPT에 얼마나 열광하는지 바로 알 수 있습니다. 많은 사람들이 이용하는 서비스와 비교해보면 되겠죠? 인스타그램을 볼까요? 이미 너무 많은 사람들이 광고 및 소통 플랫폼으로 활용하고 있는 인스타그램은 이용자 100만 명 달성에 2.5개월이 걸렸습니다. 2.5개월 만에 100만 명이라면 정말 빠른 것이죠. 페이스북이 10개월, 넷플릭스가 3.5년이었으니까요. 그런데 챗GPT는 얼마나 걸렸을까요? 단

5일입니다. 5일 만에 유튜브 동영상 조회수 10만 뷰가 되는 것도 힘든데 말이죠.

물론 지금까지 이야기한 챗GPT의 개념만 본다면 '정말 세상을 바꾸는 것 맞아?'라고 생각할 수 있습니다. 그런데 이렇게 이용자 수가 다른 서비스 대비 급격히 증가했다는 건 아직까지는 모르겠지만 챗GPT가 뭔가 대단한 걸 가지고 있다고 생각할 수 있겠죠.

SNS의 이용자 수가 급증하면 우리가 기존에 미처 생각하지 못했던 새로운 서비스를 내놓을 수 있는 것처럼 챗GPT는 정말 사람들의 일상에 필요한 뭔가 대단한 것을 보여줄 수 있습니다. 챗GPT가 출시된 지 얼마 안 되었는데도 뜨거운 사람들의 반응만 봐도 금방 알 수 있죠.

인스타그램, 페이스북, 유튜브를 본다면 사람들이 얼마나 챗GPT에 열광하는지 바로 알 수 있습니다. 유튜브에서 챗GPT를 검색해보면 '생산성을 미친 듯이 올려주는 챗GPT 한글 사용법' '챗GPT를 사용해서 지금 바로 돈 버는 방법 4가지' '챗GPT의 상상 초월 수준… 앞으로 이거 할 줄 모르면 먹고살기 힘들 것 같네요' 등 자극적인 문구로 사람들을 유혹하는 동영상을 쉽게 볼 수 있습니다. 이뿐인가요? 챗GPT 활용법에 대한 교육은 주변에서 쉽게 볼 수 있습니다.

그만큼 챗GPT가 우리의 일상에 미치는 파급효과가 크다는 이야기겠죠. 실제로 네이버 데이터랩을 통해 챗GPT 검색어 트렌드 분석을 해보면, 2022년 말부터 챗GPT가 조금씩 언급되다가 2023년 1월 말부터 갑자기 폭발적으로 상승하는 지수를 볼 수 있습니다.

▶ 챗GPT 검색어 트렌드 분석

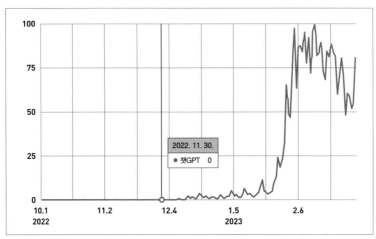

출처: '네이버 데이터랩' 결과를 바탕으로 재구성

물론 아직 챗GPT에 대해 잘 모르는 사람도 많습니다. 하지만 네이버, 구글, 카톡이 그랬던 것처럼 챗GPT를 모르는 사람의 수는 기하급수적으로 줄어들겠죠.

Chat GPT

챗GPT 하나로 세상이
바뀔 수 있다고?

챗GPT를 사용해본 사람이라면, '챗GPT가 구글을 무너트릴 수도 있겠다'라고 한 번쯤 생각하는데요, 챗GPT가 아니어도 또 다른 AI가 구글 킬러가 될 준비를 하고 있을 것 같습니다. 사실 구글 킬러라는 이 한마디만으로도 '세상이 갑자기 바뀔 수 있다'라는 생각이 드는 건 사실입니다.

잠시 생각해보면 구글은 사람들의 일하는 방식을 바꿔놓았죠. 많은 사람들이 뭔가를 찾기 위해 구글에서 검색을 하다 보니 '구글링'이라는 단어는 이제 일반화되었는데요, 그런 구글링이 사라질 수도 있는 상황에 처한 것입니다. 지금까지 모르는 게 있으면 항상 구글링을 통해 정보를 얻었는데 말이죠.

어찌 보면 우리 일상 한 부분의 변화라고 생각할지도 모르지만 당장 구글이 없다면 우린 자료를 찾기 위한 마땅한 수단이 없어지는 거죠. 네이버나 다음을 이용한다고 해도 구글처럼 필요한 자료를 바로 다운받게 해주지 않기 때문입니다. 아주 작은 변화라고 생각할 수도 있지만 살아가는 방식이나 사고 체계를 바꾸는 것이기 때문에 그 영향은 생각보다 크죠.

누군가는 "이제 검색의 시대가 저물고 대화의 시대가 왔다"고 말할지 모릅니다. 필요한 정보의 자료를 다운받아서 그 파일을 열고 내용을 읽고 나서 아는 것이 아니라 웹사이트 창에서 바로 알 수 있기 때문이죠. 더욱이 더 알고 싶은 정보가 있어서 그 정보에 대해서 더 설명해달라고 할 때 친절하게 바로 알려준다면요? 정말 획기적이지 않을까요?

공부할 때 혼공을 하는 것도 좋지만 누군가 옆에서 바로 어떤 개념에 대해 알려주면 쉽게 이해했던 경험을 누구나 한 번쯤은 갖고 있을 것입니다. 꼬리물기식으로 그 내용 중 모르는 것에 대해서 바로 알려주면 혼자서 책과 씨름하던 시간의 반의 반도 안 걸리겠죠. 지금 그 친절한 친구가 우리 앞에 와 있는 것입니다. 그게 바로 챗GPT입니다.

챗GPT를 사용해본 사람들은 챗GPT의 빅데이터를 분석해 핵심만 추려 알려주는 능력에 감탄합니다. 미국의 경제전문지 〈블룸버 그)는 "지금 인터넷은 AI가 쓴 대본과 리포트를 보고 폭풍에 휩싸였다"라고 말했고,[1] 수많은 언론에서는 미국 와튼스쿨 MBA를 챗GPT가 통과했다고 보도했습니다. 운영관리 시험에서 B나 B- 점수를 받을 정도의 결과를 냈기 때문이죠. 챗GPT는 미국 미네소타 로스쿨 시험도 통과했다고 합니다. 미국 의사면허시험은 어떨까요? 모든 평가 시험에서 50% 이상의 정확도를 기록해 이 시험도 통과했다고 합니다.

이 정도만 보면 일반 사람이 쉽게 접근하기 어려운 영역까지 챗GPT가 들어왔다는 걸 보여주죠. 물론 이런 시험을 통과했다고 해서 갑자기 AI가 세상을 확 바꾸지는 못하죠. 하지만 우리가 생각지도 못한 곳에서 좋은 성과를 거두고 있고, 특히 전문직에서 더 부각을 나타내니 AI를 바라보는 시각도 빠르게 변하고 있는 것만은 확실합니다.

챗GPT가 사람처럼 맥락이나 문장의 뉘앙스를 파악할 수 있다고 앞서 말했습니다. 이 책 1장의 제목을 여러 형태로 넣었을 때 챗GPT가 내놓은 답변을 보면 더 놀라울 따름입니다. 첫 번째는 "챗GPT 하나로 세상이 바뀔 수 있어?"에 대한 답변이고, 두 번째는 "챗GPT는 세상을 얼마나 바꿀 수 있어?"에 대한 답변인데요, 이 두 문장의 차이는 '하나로'와 '얼마나'에 있습니다. AI가 이런 미묘한 차이를 이해하고 답변했다면 정말 세상을 많이 바꿀 수 있다는 생각이 들지 않을까요?

"챗GPT 하나로 세상이 바뀔 수 있어?"에 대한 챗GPT의 답변

챗GPT는 대화형 인터페이스나 챗봇 등 다양한 분야에서 활용이 가능한 매우 유용한 기술입니다. 하지만 이것 하나로 바뀔 수 있는 것은 아닙니다. 챗GPT는 인간과 자연어로 대화하는 능력을 가진 기술이지만, 이는 인간과의 상호작용에 제한이 있을 수 있습니다. 또한, 챗GPT는 기계학습 기술을 사용하여 학습됩니다. 따라서, 챗GPT는 입력된 데이터에 따라 학습 결과가 달라질 수 있으며, 완벽한 결과를 보장하지는 않습니다.

또한, 챗GPT는 언어 모델에 의해 생성된 문장이므로, 항상 정확한 답변을 제공하지는 않을 수 있습니다. 이는 인간과의 대화에서 발생하는 오해, 잘못된 정보 등과 같은 문제와도 연관됩니다.

따라서, 챗GPT는 매우 유용한 기술이지만, 이것 하나로 세상이 바뀔 수 있는 것은 아닙니다. 이는 다양한 분야에서의 활용과 함께 인간의 지혜와 노력이 결합하여 세상을 더욱 나은 방향으로 바꿀 수 있다는 것을 의미합니다.

"챗GPT는 세상을 얼마나 바꿀 수 있어?"에 대한 챗GPT의 답변

챗GPT는 대화형 인터페이스나 챗봇, 자동 응답 시스템, 문서 생성 등 다양한 분야에서 활용이 가능한 매우 유용한 기술입니다. 이는 기존의 인공지능 기술보다 더욱 자연스러운 대화와 효과적인 학습, 다양한 분야에서의 활용이 가능하다는 장점이 있습니다.

하지만, 챗GPT가 세상을 얼마나 바꿀 수 있는지는 매우 복잡한 문제이며, 단순히 숫자나 지표로 측정할 수 있는 것은 아닙니다. 챗GPT는 다양한 분야에서 활용될 수 있기 때문에, 그 활용 방법에 따라 다른 영향력을 미칠 수 있습니다.

예를 들어, 챗GPT를 활용하여 의료 분야에서 자동 응답 시스템을 구축하면, 의료 정보를 보다 쉽게 접근할 수 있게 되어 보다 나은 의료서비스를 제공할 수 있습니다. 또는, 챗GPT를 활용하여 기업의 고객상담에 활용하면, 더욱 원활한 고객서비스를 제공할 수 있게 됩니다.

따라서, 챗GPT가 세상을 얼마나 바꿀 수 있는지는 그 활용 방법과 성격에 따라 다르며, 이를 평가하기 위해서는 많은 시간과 노력이 필요합니다. 그러나, 챗GPT를 포함한 인공지능 기술이 발전함에 따라 우리의 삶은 점점 더 스마트하고 편리해질 것으로 기대됩니다.

과거의 AI라면 이 미묘한 차이를 파악해 대답하는 것이 가능했을까요? 대답이라도 잘하면 다행이죠. 대화를 하다 보면 맥락에 맞지 않거나 엉뚱한 답변을 하는 경우가 많았기 때문입니다. 하지만 챗GPT는 어떤가요? 서론-본론-결론에 맞춰 질문의 핵심을 파악해 답변합니다.

사실 사람도 말하다 보면 이 두 질문에 대해 차이가 없다고 생각하는데요, 숨은 의미는 같기 때문입니다. 그런데 챗GPT가 이런 능력을 보여주니 세상이 이제는 갑자기 확 바뀔 수 있는 준비가 되었다는 생각이 듭니다.

그래서 테슬라 CEO이자 오픈AI의 공동설립자인 일론 머스크는 "챗GPT는 무섭도록 좋다. 인류는 위험할 정도로 강력한 AI와 조우가 멀지 않았다"라고 말했는지도 모르겠습니다.[2] 세계 최강 바둑기사였던 이세돌이 구글의 알파고에 4:1로 패했을 때의 충격보다 지금 챗GPT와의 만남은 더 충격적이죠. 'AI가 접근하기 어렵다'라고 생각했던 바둑이란 분야에서 인간의 패배는 사실 지금 생각해도 많은 생각을 남기게 했지만 지금의 챗GPT는 더 많은 생각을 하게 만듭니다.

챗GPT가 세상을 바꿀 수 있을 만큼의 잠재능력을 가져서인지 모르지만, 사람들은 점점 다양한 분야에 챗GPT를 접목시키고 있습니다. 한 예로 가수 윤종신은 챗GPT와의 대화를 통해 만든 신곡을 2023년 2월에 발표했습니다. '치유본능'이라는 이 신곡의 가사 작업을 위해 '세계의 석학이 사랑과 이별에 대해 가진 견해' '인간의 삶을 이루는 기본적인 욕구와 본능'이라는 주제를 가지고 대화를 시도했다고 합니다.[3] 챗GPT와의 대화를 통해 윤종신은 이번 신곡의 핵심 단어인 '치유'를 찾았다고 합니다. 다른 사람들과 대화를 하다 보면 중간중간 자신이 생각하지 못했던 것을 깨닫게 되는데, 그 경험을 챗GPT와 작업하면서 한 것이죠. 영화 속에서나 보던 사람의 감정을 이해하는 친구 같은 AI 로봇이 어쩌면 우리 앞에 있을 날이 얼마 남지 않은 것 같습니다.

지금 사람들은 너도나도 챗GPT를 통해 뭔가 새로운 것을 얻으려고 합니다. 한편으론 챗GPT라는 새로운 기술에 대한 단순한 호기심일지도 모르지만 호기심치고는 사람들의 관심은 너무 뜨겁죠. 대통령까지도 챗GPT를 써보려고 하고 있습니다. 최근에는 김

동연 경기도지사가 '경기GPT'를 구상하려 하고, 정부는 챗GPT로 인한 변화에 대응하기 위해 디지털 신질서 로드맵을 마련한다고 합니다. 이를 통해 "디지털 시대가 심화하는 과정에서 혁신 속도는 더 가속화되고, 파급력은 늘어날 것으로 예상된다. 사회의 기틀이 될 새로운 디지털 질서를 정립하기 위해 범국가적인 노력을 기울여나가겠다"라고 했습니다.[4]

이 같은 챗GPT에 대한 사람들의 관심은 사람이라면 누구나 궁금해할 '미래'에 대한 키워드에도 집중하게 만드는데요, 챗GPT에게 부동산, 주식, 기업, 기술, 제품에 대한 전망을 물어보면 챗GPT가 모든 분야에 대해 명확하게 답을 해주지는 않습니다. 명확한 답을 준다면 우리는 굳이 지금 앉아서 이 책을 읽지 않아도 되죠. 바로 챗GPT에게 물어보면 되기 때문입니다. 그래도 챗GPT에게 스마트폰의 미래에 대해 물어본다면 과연 어떤 답변을 내놓을지 궁금해서 물어봤습니다.

 '스마트폰의 미래'에 대한 챗GPT의 답변

앞으로 스마트폰은 더욱 놀라운 기능과 더욱 편리한 사용성을 제공할 것으로 예상됩니다. 다음은 앞으로 스마트폰이 가질 가능성이 있는 몇 가지 기능입니다.

1. 인공지능 기능의 강화: 스마트폰은 이미 인공지능 기술을 탑재하여 사용자의 음성 명령을 인식하고, 개인화된 추천 기능 등을 제공하고 있습니다. 앞으로는 인공지능 기술이 더욱 발전하여,

보다 자연스러운 대화와 보다 정확한 음성인식 기능, 그리고 다양한 인공지능 기능을 지원할 것으로 예상됩니다.

2. 가상현실(Virtual Reality)과 증강현실(Augmented Reality): 스마트폰은 이미 가상현실과 증강현실을 지원하는 기능을 탑재하고 있습니다. 앞으로는 이러한 기능이 더욱 발전하여, 보다 생생한 가상현실과 보다 현실감 있는 증강현실을 제공할 것으로 예상됩니다.

3. 더욱 높은 성능과 선명한 화면: 스마트폰은 이미 높은 성능과 선명한 화면을 제공하고 있지만, 앞으로는 더욱 발전하여, 더욱 높은 해상도와 더욱 빠른 성능을 제공할 것으로 예상됩니다.

4. 보안 기능 강화: 스마트폰은 사용자의 개인 정보를 보호하기 위한 다양한 보안 기능을 제공하고 있습니다. 앞으로는 이러한 보안 기능이 더욱 강화되어, 보다 안전한 사용 환경을 제공할 것으로 예상됩니다.

5. 자율주행 기술: 스마트폰은 이미 GPS 기능을 탑재하여, 위치정보를 제공하고 있습니다. 앞으로는 이러한 위치정보를 활용하여, 자율주행 기술을 탑재할 가능성이 있으며, 보다 스마트한 교통체계를 구축할 수 있을 것으로 예상됩니다.

이러한 기술들이 발전함에 따라, 스마트폰은 우리의 삶에 더욱 편리함과 새로운 경험을 제공할 것으로 예상됩니다.

챗GPT의 스마트폰의 미래 관련 답변은 생각보다 특별하지 않았습니다. 하지만 기능 관점에서 '인공지능 기능의 강화, 가상현실과 증강현실, 높은 성능과 선명한 화면, 보안 기능 강화, 자율주행 기술'이라는 5가지 측면으로 스마트폰이 어떻게 진화할 수 있는지를 잘 정리해줬죠. 일반인이 이렇게 전망하기는 쉽지 않습니다.

한 매체에서는 5대 그룹 총수에게 필요한 3가지를 챗GPT에게 물어본 결과를 발표했는데, 이 내용 또한 흥미롭습니다. 이재용 삼성전자 회장은 '강력하고 효과적인 리더십' '전략적인 비전' '효과적인 리스크 관리'가, 최태원 SK그룹 회장은 '혁신' '지속가능성' '민첩성'이 필요하다고 제시했죠.[5] 챗GPT가 이렇게 3가지 키워드로 답변한 건 아닙니다. 보통의 질문에 대한 답변처럼 문장으로 답을 해줬죠. 어찌 되었든 이렇게 기업의 특성을 고려한 챗GPT의 답변은 인상적입니다.

챗GPT의 이런 능력을 실제로 본다면 챗GPT에 대한 사람들의 의존도는 생각보다 높아질 것 같습니다. 지금처럼 문해력이 떨어지는 시기에 사람들은 스스로 뭔가를 찾고 읽고 이해하고 이를 정리하는 데 어려움을 겪고 있기 때문입니다.

물론 챗GPT 하나로 세상이 쉽게 바뀌는 것은 아닙니다. 지금 시점에서 본다면 기술이 사람을 능가하려면 아직 멀었지만, 과거와 달리 빠른 혁신이 일상화된 세상에서 세상은 또 언제 어떻게 변할지 모른다는 사실은 기억할 필요가 있습니다.

Chat GPT

구글과 네이버보다
더 강력한 챗GPT

라이코스, 엠파스 등을 알고 있나요? 과거에 유명했던 검색 사이트 중 하나입니다. 지금은 구글과 네이버가 이 검색 시장을 장악하고 있는데요, 검색 사이트가 없었던 때를 '도서관의 시대'라고 한다면 지금은 '검색의 시대'입니다.

무너지지 않을 것 같았던 이 시대도 이제는 조금씩 기울어지는 것 같습니다. '챗GPT 같은 생성AI가 그 자리를 대체하는 것도 시간문제가 아닐까'라는 생각이 들죠. 네이버와 구글이 검색 시장의 판도를 바꿨듯이 말입니다. 구글이 챗GPT에 대응하기 위해 위기 상황을 알리는 코드레드를 발령을 했다는 건 그만큼 챗GPT가 세상을 바꾸는 데 많은 영향을 미치기 때문이겠죠. 그렇다면 앞으로 열릴 시대는 과연 어떤 모습일까요?

지금이 '키워드 시대'라면 앞으로는 '질문의 시대'로, 지금이 어찌 보면 '이성의 시대'라면 앞으로는 '공감의 시대'로 바뀔 것 같지 않나요?

우린 지금 궁금한 걸 네이버 지식인에 묻고, 네이버 검색창에 키워드를 입력합니다. 전문 자료가 필요하면 구글 검색창에 키워드나 키워드와 함께 파일확장자명을 입력하죠. 구글링을 통해 자료를 본 다음 부족한 자료를 또 찾기 위해 반복해서 또 다른 키워드를 넣고 자료를 찾죠. 굉장히 반복된 작업을 기계적으로 합니다.

그렇다 보니 사람들은 네이버와 구글을 이용하면서 어떤 교감을 하지는 않죠. 교감을 한다면 네이버와 구글이란 브랜드에 대한 생각 정도가 되지 않을까요? 유튜브는 영상이 있어 그나마 교감을 하지만 말입니다.

그런데 챗GPT는 어떤가요? 챗GPT 사이트에 내가 원하는 걸 얻기 위한 질문을 하고 그에 대한 답변을 받는 걸로 끝나지 않습니다. 끝말잇기처럼 답변을 보곤 또 다른 질문을 합니다.

그러다 보니 어떤 사람들은 챗GPT를 단순 자료 찾기만을 위한 수단으로 생각하지 않죠. 계속 궁금한 사항을 물어보고 어떤 대답이 나오는지 보고, 또 그 답변을 보면서 곰곰이 생각하죠. 지금의 구글과 네이버가 단발성 키워드가 중심이라면, 앞으로는 끝말잇기와 대화의 시대가 되는 겁니다.

똑같은 목적을 위해 사이트에 접속하지만, 사람들이 그 사이트를 대하는 방식과 생각은 다릅니다. 실제로 '검색의 시대'에 대표 사이트인 구글과 챗GPT를 활용해 동일한 개념에 대한 설명을 찾아보고 어떤 생각이 드는지 볼까요?

키워드는 '블랙홀'입니다. 블랙홀에 대해 궁금하다면 지금은 구글 검색창에 블랙홀을 입력하고 검색 버튼을 누릅니다. 그러면 약 454만 개의 결과가 나오는데요, 블랙홀과 관련된 동영상, 이미지, 문서 관련 링크가 구글 창에 뜨게 됩니다. 만약 문서를 보고 싶다면, 검색 결과에 나온 링크를 눌러 문서를 다운받고 원하는 정보를 찾아야 합니다. 만약 블랙홀의 개념에 대해 궁금하다면 나무위키나 위키백과에 들어가 블랙홀이 뭔지를 볼 수도 있죠. 아래에서 볼 수 있듯이 블랙홀에 대해 장황하게 설명을 해주죠. 이미지도 볼 수 있어 시각적으로 이해할 수도 있습니다.

▶ 위키백과의 '블랙홀' 관련 설명 일부

블랙홀(영어: Black hole, 黑洞)[4]은 항성이 진화의 최종단계에서 (중성자별로 가지 않는 한) 폭발후 수축되어 생성된 것으로 추측되는, 강력한 밀도와 중력으로 입자나 전자기 복사, 빛을 포함한 그 무엇도 빠져나올 수 없는 시공간 영역이다.[5] 일반 상대성이론은 충분히 밀집된 질량이 시공을 뒤틀어 블랙홀을 형성할 수 있음을 예측한다.[6][7] 블랙홀로부터의 탈출이 불가능해지는 경계를 사건의 지평선(event horizon)이라고 한다. 어떤 물체가 사건의 지평선을 넘어갈 경우, 그 물체에게는 파멸적 영향이 가해지겠지만, 바깥 관찰자에게는 속도가 점점 느려져 그 경계에 영원히 달지 않는 것처럼 보인다. 블랙홀은 빛을 반사하지 않기에 이상적 흑체처럼 행동한다.[8][9] 또한 휘어진 시공간의 양자장론에 따르면 사건의 지평선은 블랙홀의 질량에 반비례하는 온도를 가진 흑체 같은 스펙트럼의 열복사를 방출하며, 이를 호킹 복사라고 한다. 항성질량급 블랙홀의 경우 이 온도가 수십억분의 1 켈빈 수준이기에 그 열복사를 관측하는 것은 본질적으로 불가능하다.

cD은하, 타원은하인 처녀자리 A 은하 중앙에 있는 초대질량 블랙홀의 사진. 2016년 측정한 이 블랙홀의 질량은 태양의 약 70억 배로, 구체적인 값은 $7.22^{+0.34}_{-0.40} \times 10^9 M_\odot$이다.[1] 이 형상은 블랙홀을 직접 찍은 최초 사례이다.(이벤트 호라이즌 망원경, 2019년 4월 10일 공개)[7]

그런데 블랙홀에 대한 설명을 보다가 '항성'이라는 개념이 뭔지 모르겠으면 또 검색을 하거나 항성이란 키워드를 눌러 항성의 개념을 봐야 합니다. 그러면 블랙홀과 마찬가지로 장황한 설명을 또 봐야 하죠.

그러다 지치면 어떻게 할까요? 요즘에는 유튜브를 통해 요리, 공부, 게임을 하는 것처럼 유튜브에 '블랙홀'이라는 키워드를 검색해 아래 동영상들처럼 블랙홀에 대한 짧은 설명을 듣고 블랙홀을 이해할 수 있습니다.

▶ '블랙홀'에 대한 유튜브 동영상

이와 달리 챗GPT는 어떤가요? 블랙홀에 대해 설명해달라고 하면 다음과 같이 요약해서 블랙홀에 대해 설명해줍니다. 위키백과와 달리 간략하게 정리가 되어 있죠. 마찬가지로 설명을 보다가 이해가 잘 가지 않는 용어는 바로 챗GPT에게 물어보면 그 즉시 답변을 얻을 수 있습니다.

챗GPT가 십대들에게 보여주는 미래

블랙홀은 대량의 질량이 매우 작은 공간에 높은 밀도로 압축되어 만들어진 천체입니다. 이 공간은 중력이 매우 강력하여, 빛도 포함한 모든 것을 흡수합니다.

블랙홀의 질량은 매우 크기 때문에, 주변에 있는 다른 천체들을 자신의 중력으로 끌어들이고, 이를 먹어치우며 크기가 더 커집니다. 이러한 과정에서 블랙홀은 더욱 강력한 중력을 가집니다.

또한, 블랙홀의 중심 부근은 이론상으로 시공간이 왜곡되어 시간과 공간이 엉겨져 있습니다. 이를 블랙홀의 사건 지평선(Event Horizon)이라고 합니다. 이 지점에서는 빛도 탈출할 수 없기 때문에, 블랙홀을 관측하기가 매우 어렵습니다.

블랙홀은 우주의 형성과 진화에 매우 중요한 역할을 합니다. 예를 들어, 블랙홀의 중력은 우주의 구조와 별의 운동을 결정하는데 영향을 미치며, 우주의 진화를 좌우하는 역할을 합니다. 또한, 블랙홀은 우주에서 가장 강력한 중력을 가지는 천체이기 때문에, 우주 탐사와 우주 여행에도 매우 중요한 역할을 합니다.

하지만, 블랙홀은 매우 특이하고 복잡한 천체이기 때문에, 이를 연구하고 이해하는 것은 여전히 매우 어려운 과제입니다. 따라서, 블랙홀에 대한 연구는 아직도 진행 중이며, 이를 통해 우주의 형성과 진화, 더 나아가 우주와 우리 자신의 존재 이유를 이해하는 데 매우 중요한 역할을 할 것입니다.

위의 내용을 읽다 보면 '천체'의 개념에 대해 궁금할 것입니다. 이때 챗GPT에게 바로 물어보면 다음과 같은 답변을 얻을 수 있습니다.

천체(天體, Celestial Object)란, 우주 공간에 위치한 천체들을 말합니다. 이러한 천체들은 다양한 크기와 형태를 가지며, 다양한 물리적 특성을 지니고 있습니다.

천체는 일반적으로 다음과 같이 분류됩니다.

1. 별(Star): 수소와 헬륨 등의 원소가 핵융합되어 열과 빛을 방출하는 천체입니다.

2. 행성(Planet): 별 주변에서 공전하면서 별로부터 발산되는 복사 에너지를 흡수하여 자체적으로 빛을 내지 않는 천체입니다.

3. 위성(Satellite): 행성이나 다른 천체를 중심으로 공전하면서 주체의 중력에 의해 끌려 움직이는 천체입니다.

4. 미행성체(Asteroid): 태양 주변에 위치하는 작은 천체로, 행성 주변에 위치한 것도 있습니다.

5. 혜성(Comet): 태양 주변에서 수성계를 돌면서 태양으로부터 발산되는 가스와 먼지로 이루어진 천체입니다.

6. 은하(Galaxy): 별들이 모여 있는 천체로, 크기는 수십~수백만 광년에 달합니다.

이 외에도, 블랙홀, 중성자 별, 퀘이사, 진성 등 다양한 천체들이 존재합니다. 이러한 천체들은 우주의 형성과 진화, 그리고 우주의 다양한 현상에 대한 이해를 높이는 데 매우 중요한 역할을 합니다.

이처럼 챗GPT는 꼬리물기식으로 계속 물어보면서 개념에 대해 조금씩 알아갑니다. 구글이 방대한 양을 전달해주는 반면, 챗GPT는 사람처럼 정리된 언어로 개념을 설명해준다는 게 가장 큰 차이점이죠. 그러다 보니 내용이 어렵고 쉽고를 떠나 누가 설명해주는 것처럼 쉽게 접근이 가능합니다. 물론 구글이나 네이버처럼 이미지나 영상을 볼 수는 없지만, 질문에 대한 답변을 기반으로 계속해서 여러분의 호기심을 채워나갈 수 있습니다.

한 예로, 블랙홀의 모습이 궁금하다면 블랙홀을 볼 수 있는 관련 사이트를 알려달라고 하면 되는데요, 그러면 다음과 같이 NASA 외에도 다양한 사이트를 알려줍니다. 이처럼 챗GPT는 여러분을 중심으로 뭔가가 이루어지는 느낌을 줍니다. 어떻게 보면 큰 차이가 아닌 것 같지만 챗GPT는 고객(수요자) 중심인 반면, 기존 구글이나 네이버는 공급자 중심이라는 생각이 듭니다.

 '블랙홀을 볼 수 있는 사이트'에 대한 챗GPT의 답변

블랙홀은 직접적으로 관측이 어렵기 때문에, 블랙홀을 볼 수 있는 사이트는 없습니다. 그러나 블랙홀에 대한 정보를 얻고 이해하는 데 도움이 되는 다양한 사이트들이 있습니다. 다음은 블랙홀에 대한 정보를 제공하는 몇 가지 사이트입니다.

1. NASA의 블랙홀 페이지: NASA는 우주 탐사와 관련된 정보를 제공하는 공식 웹사이트에서 블랙홀과 관련된 다양한 정보를 제공합니다. 이 페이지에서는 블랙홀의 정의, 특성, 그리고 블랙홀에 대한 최신 연구 결과 등을 확인할 수 있습니다. (https://www.nasa.gov/mission_pages/chandra/black-hole.html)

2. 블랙홀의 물리학: 이 사이트는 블랙홀에 대한 물리학적인 이론과 최신 연구 결과에 대한 정보를 제공합니다. 이 사이트에서는

블랙홀의 구조와 형성 과정, 그리고 블랙홀과 관련된 우주 현상 등에 대한 정보를 제공합니다. (https://www.physicscentral. com/explore/writers/will.cfm)

3. 블랙홀에 대한 교육 자료: 이 사이트는 블랙홀을 소개하고 교육 하는 데 사용할 수 있는 자료들을 제공합니다. 이 사이트에서는 블랙홀의 개념과 특징, 그리고 블랙홀에 대한 최신 연구 결과 등을 다양한 교육 자료를 통해 제공합니다. (https://www.ligo. org/science/Publication-GW170817NeutronStarCollapse/)

이러한 사이트들을 통해 블랙홀에 대한 다양한 정보를 얻을 수 있으며, 블랙홀의 특성과 현상을 이해하는 데 도움을 줄 수 있습니다.

챗GPT가 원하는 답을 바로바로 알려준다면, 기존 검색 사이트들은 여러분이 원하는 정보가 어디 있는지 광대한 검색의 바닷속에서 다시 한번 찾아야 하죠. 특히 챗GPT는 블랙홀과 관련해 구체적으로 알고 싶은 정보가 있다면 그 정보를 콕 집어서 설명해달라고 할 수 있습니다.

그런데 네이버와 구글은 그게 가능할까요? 유튜브는 어떤가요? 크리에이터들이 사람들이 원하는 걸 콕 집어 짧은 영상 속에 녹아내려고 하지만 사람들이 원하는 건 한두 개가 아니기 때문에 쉽지 않습니다. 그래서 많은 사람들이 챗GPT의 장점으로 '맞춤형'이란 키워드를 제시하죠. 1:1 교육을 받는 느낌을 주기 때문입니다.

Chat GPT

챗GPT가 여는
미래의 교육혁명

2013년 세계미래학회는 '15~20년 후 사라질 것'에 대해 회원들에게 물었는데요, 그 결과 일자리, 종이, 상점, 스마트폰과 함께 교육과정이 선정되었습니다. 더욱이 선생님이 없는 학교가 가능할 것이라고도 말했습니다.

그런데 지금도 여전히 선생님은 학생들과 함께 있습니다. 다만 과거와 달리 교실이 스마트화되어가고 있죠. 교육 방향도 다양한 4차 산업혁명 기술을 활용해 학생 맞춤형으로 전환되고 있습니다. 세계미래학회의 전망은 언젠가는 실현되겠죠. 그때가 되면 여러분이 알고 있는 지금의 학교와 교실은 사라질 수 있습니다.

교육부는 불과 몇 년 후인 2025년에 AI 디지털교과서를 도입한다고 합니다. 일부 학교는 시범적으로 도입한다고 하니 과거의 전망들이 이제 조만간 실현되겠죠. 특히 다양한 신기술을 접목한 에듀테크들이 학교에 속속 도입된다면 지금과 다른 교육의 시대가 열릴 겁니다.

잠시 미래교육을 생각해볼까요? 지금의 기술을 가지고 이야기해보면, AR·VR을 활용해 직접 가보지 않고도 과학이나 사회에서 나온 다양한 장소를 경험할 수 있습니다. AI와 빅데이터는 학생들이 자신의 성향에 맞는 공부법을 추천받고 부족한 과목이나 영역을 집중적으로 공부할 수 있는 교육과정을 제시해줄 것입니다.

선생님은 어떨까요? 선생님이 학생과 같이 있지 않더라도 홀로그램을 통해 선생님과 같이 있는 듯한 느낌을 받고, 홀로그램을 통해 선생님과 직접 대화하며 스스로 공부를 해볼 수 있지 않을까요? 그런데 이 홀로그램 선생님은 한 명이 아니라 학생 수만큼 있어 동일한 선생님이 학생들을 지도할 수 있을지도 모르겠습니다. 기술이 어떻게 발달할지 모르니까요.

또한 챗GPT 같은 생성AI가 학생들의 질문에 바로바로 답변을 해주며 궁금증을 바로 해소시켜줍니다. 이에 학생들은 챗GPT와 대화하며 한 주제에 대해 깊이 공부할 수 있게 됩니다. 마치 끝말잇기처럼 하나를 계속 파면서 한 분야의 전문가가 될 수도 있습니다. 우리가 가끔 TV에서 보던, 전 세계의 모든 나라와 수도를 다

외우고 있는 꼬마친구들처럼요. 혹은 한국의 역사에 대해서는 대학의 교수님보다 더 잘 아는 아이들처럼요.

이런 학습 공간은 정말 첨단 기술이 적용된 교실이 될 수도 있고, 아니면 학생들의 집이 될 수도 있겠죠. 아니면 거주지와 가까운 곳에 이런 시설이 있어 집 근처에서 공부를 할 수도 있을 것입니다. 교육 인프라 격차가 존재할 수도 있으니깐 말이죠. 단순히 학교의 인프라가 스마트화되는 것에서 한 차원 더 나아간 미래교육의 모습을 상상해봤는데 어떤가요?

챗GPT가 지금의 교육 방식을 갑자기 바꿀 수는 없을 것입니다. 하지만 스마트 교실과 함께 새로운 교육 방식과 '교육이 무엇인가'에 대해 진지하게 고민해볼 수 있는 시간을 줬다는 것은 부인할 수 없습니다.

한 예로 미국의 한 중·고등학교 교사는 챗GPT를 접한 후, "모르는 정보를 가르치는 행위가 무의미해졌다. 뭘 가르쳐야 할지 모르겠다"라고 토로합니다.[6] 챗GPT의 문제점을 떠나 학생들은 어찌 되었든 챗GPT를 사용할 수밖에 없는 환경에 놓여 있기 때문이죠. 그래서 뉴욕의 한 학교는 챗GPT를 차단하겠다고 말했습니다. 국내의 한 대학교 또한 2023년도 1학기 강의계획서에 "챗GPT 등 인공지능(AI)을 이용해 시험이나 보고서에 내용을 복사한 후 붙여넣는 행위를 허용하지 않는다"고 적어놨다고 합니다. 어디 그뿐인가요? 또 다른 우리나라의 대학교에서는 챗GPT가 풀 수 없는 시험 문제만 출제하겠다고 했습니다.

그런데 무조건 챗GPT를 반대하는 사람만 있는 건 아닙니다. 미국 펜실베이니아 와튼스쿨에서는 "학문적 정직 의무를 위반하지 않는 선에서 챗GPT 같은 AI를 학문에 활용하라"고 강의계획서에 명시했습니다.[7] 국내의 한 대학 또한 과제를 제출할 때 챗GPT가 작성한 내용을 포함시키라고 했습니다.

챗GPT를 향한 이런 상반된 태도는 미래교육이 어떻게 바뀔지에 대한 궁금증을 자아냅니다. 단지 교실이 스마트화되어가는 미래교육이 아닌 교육의 근본부터 흔드는 것이기 때문입니다. 미래교육에 대해 챗GPT는 어떻게 생각하는지 물어봤습니다.

 '챗GPT로 인한 미래교육 변화'에 대한 챗GPT의 답변

챗GPT와 같은 인공지능 기술의 발전은 미래 교육에 큰 영향을 미칠 것으로 예상됩니다. 몇 가지 예시를 들면 다음과 같습니다.

1. 개별 맞춤형 교육: 챗GPT와 같은 기술을 활용하여 학생 개개인의 수준과 학습 상황에 맞춰 맞춤형 교육이 가능해질 것입니다. 학생들은 자신에게 맞는 학습 내용과 속도로 학습하며, 이를 통해 더욱 효과적인 학습이 가능할 것입니다.

2. 학습 콘텐츠 생성: 챗GPT와 같은 인공지능 기술을 활용하여 학습 콘텐츠를 생성할 수 있습니다. 예를 들어, 챗GPT를 활용하여 학생들이 이해하기 쉽고 흥미로운 학습 콘텐츠를 생성할 수 있으며, 이를 통해 학생들의 학습 동기 부여에 큰 도움을 줄 수 있습니다.

챗GPT가 십대들에게 보여주는 미래

3. 학습 지원: 챗GPT와 같은 인공지능 기술을 활용하여 학습 상황에서 학생들을 지원하는 기능을 개발할 수 있습니다. 예를 들어, 학생들이 학습 중 이해하기 어려운 내용이 있을 경우, 챗GPT를 통해 해당 내용에 대한 설명을 자동으로 제공할 수 있습니다.

4. 교사 역할 변화: 챗GPT와 같은 인공지능 기술이 발전하면서 교사들의 역할도 변화할 것으로 예상됩니다. 교사들은 새로운 기술을 활용하여 학생들을 지원하고, 학생들의 학습 상황을 분석하여 개별 맞춤형 교육을 제공하는 역할을 맡을 것입니다.

이러한 변화들은 학생들이 보다 효과적이고 효율적으로 학습할 수 있도록 도와주며, 교육 시스템의 효율성을 높이는 데 큰 역할을 할 것입니다.

위의 답변에서 보듯 챗GPT는 '개별 맞춤형 교육, 학습 콘텐츠 생성, 학습 지원, 교사 역할 변화'를 주요 변화로 말합니다.

챗GPT의 답변에 이런 생각도 듭니다. 챗GPT의 이런 변화가 결국은 교육부의 AI 정책처럼 스마트한 하드웨어와 소프트웨어의 도입을 촉진시키고 있지는 않은 것인지. 스마트 교실에 대한 이야기는 과거부터 나왔지만 챗GPT로 인해 정말 스마트 교실을 곧 볼 수 있을지도 모르겠네요.

특히 챗GPT의 답변 중 '개별 맞춤형 교육'은 모든 선생님들뿐만 아니라 미래교육에 대한 전문가들도 이야기하는 것인데요, 이런 개별 맞춤형 교육은 어떻게 진행되는지 구체적으로 챗GPT에게 물어봤습니다.

'개별 맞춤형 교육'에 대한 챗GPT의 답변

챗GPT는 학생들에게 개별 맞춤형 교육을 제공할 수 있습니다. 예를 들어, 학생들이 학습하고자 하는 주제나 관심사를 입력하면, 챗GPT는 해당 분야의 지식을 가지고 있어 학생들이 궁금해하는 질문에 대답하거나 학생들이 필요로 하는 자료를 찾아 제공할 수 있습니다. 또한, 학생들이 어려운 문제를 해결하거나 과제를 완수하는 데 도움을 줄 수 있습니다. 예를 들어, 학생들이 수학 문제를 풀고자 할 때, 챗GPT는 학생들이 입력한 문제에 대해 즉시 답을 제공할 수 있습니다. 또는 학생들이 과학 실험을 수행하고자 할 때, 챗GPT는 실험에 필요한 재료와 절차를 설명해줄 수 있습니다. 이렇게 챗GPT는 학생들이 개별적으로 필요로 하는 지식과 자료를 제공하여 학생들의 학습 효율을 높일 수 있습니다.

챗GPT가 맞춤형 교육을 단지 어떤 지식이나 재료의 제공으로만 설명하고 있어 이와 관련해 추가 질문을 했습니다. 그 결과 맞춤형 교육이 학생의 요구사항과 학습수준에 맞는 교육 방법을 제시한다고 말합니다. 더 나아가 학습 성과와 진도에 따른 대응도 할 수 있다고 합니다.

사실 지금 이렇게 추가 질문을 하면서 개별 맞춤형 교육이 뭔지를 학습하는 과정을 거쳤는데요, 학생들이 국영수 과목을 공부할 때도 이런 식으로 이루어질 수 있겠죠. 그러다 보면 학생의 눈높이에 맞게 설명이 될 것입니다.

'개별 맞춤형 교육의 추가 질문'에 대한 챗GPT의 답변

맞춤형 교육의 특징은 지식과 재료를 제공하는 것 이상입니다. 챗GPT를 이용한 맞춤형 교육은 학생 개개인의 학습 요구와 수준을 파악하여 그에 맞게 학습 지도를 제공하며, 그에 따라 피드백과 평가를 실시하는 것을 말합니다. 이를 통해 학생들은 더욱 효율적이고 효과적인 학습을 할 수 있습니다. 또한, 챗GPT는 학생들의 학습 기록과 진도를 수집하여 학습 분석을 실시하여, 학생들이 어떤 학습 방식이나 자료가 가장 효과적인지 분석하여 개별 맞춤형 교육을 지속적으로 제공하는 것도 가능합니다. 이러한 방식을 통해 학생들은 더욱 높은 학습 성과를 이룰 수 있습니다.

챗GPT의 등장은 지금까지 말한 미래교실을 하드웨어적으로나 소프트웨어적으로 앞당길 수 있을 것 같습니다. 특히 선생님과의 1:1 학습은 어렵지만 챗GPT를 통해 1:1 교육의 느낌은 받을 수 있습니다.

유치원 때부터 이루어지는 선행학습으로 초등학교부터 드러나는 교육격차는 사실 교육에 있어 핵심 이슈 중 하나입니다. 그런데 이를 챗GPT가 해결해준다면 더할 나위 없을 것입니다.

물론 챗GPT를 사용할 수 있는 환경과 인프라를 학생이 주변에서 쉽게 이용할 수 있게 해줘야겠죠. 그렇지 않으면 어떤 AI가 와도 개별 맞춤형 교육은 공허한 선언과 같은 것이 되니까요.

어찌 되었든 챗GPT를 통해 과거보다 손쉽게 학생들은 교육격차를 해소시킬 수 있을 것입니다. 또한 스마트한 교육 환경 속에서 또 한 명의 '나만의 선생님'을 만들 수 있을 것 같습니다.

그런데 아직은 아닌가 봅니다. "챗GPT 네가 나만의 선생님이 될 수 있는 거야?"라고 물으니, 그렇지는 않다고 답변하네요.

'챗GPT 네가 나만의 선생님이 될 수 있는 거야?'에 대한 챗GPT의 답변

챗GPT는 교육적인 역할을 하지만, 선생님이나 교육자로 대체될 수 있는 것은 아닙니다. 챗GPT는 자동화된 질문응답 시스템으로, 학생들의 질문에 답변하는 역할을 수행할 수 있습니다. 하지만, 챗GPT는 인간의 경험과 감성, 사회적 배경, 윤리적 판단 등을 반영하지 못하며, 학생들과의 직접적인 상호작용과 적극적인 지도 역할 등을 대체할 수는 없습니다. 따라서, 챗GPT는 보조적인 역할을 수행할 수는 있지만, 학생들이 이를 대체적인 교육자나 선생님으로 인식하거나 대체해서는 안 됩니다.

Chat GPT

챗GPT는 선생님의
경쟁자가 될까요?

챗GPT의 능력은 기술이 정말 빨리 진화하고 있다는 걸 보여줍니다. 이런 환경 속에서 선생님들은 어떤 역할을 하게 될까요? 사실 챗GPT가 나오기 전부터 지식전달자로서의 선생님의 역할은 축소되고 있었는데요, 이미 많은 학생들이 온라인을 통해 교과목에 대한 지식을 습득할 수 있었습니다.

이뿐인가요? 국내외 학교에서 온라인 무료 교육과정을 개설하면서 지식을 습득할 수 있는 채널은 많아졌죠. 또한 너무나 많은 학생들이 선행학습을 해 공부의 장(場)으로서의 학교의 기능은 약해지고 있습니다.

이런 상황에서 챗GPT까지 나오니 교육 현장은 혼란에 휩싸였습니다. 그런데 정말 챗GPT는 지금의 선생님을 대체할 수 있는 걸까요? 챗GPT에게 질문을 한 결과, 챗GPT는 불가능하다고 합니다. 현재 시점에서의 답변이긴 하지만 대체불가라는 답변 그 자체보다는 사실 그 이유가 중요합니다.

 '선생님 대체'에 대한 챗GPT의 답변

> 아직은 챗GPT가 선생님을 대체하는 것은 불가능합니다. 챗GPT는 대화형 인공지능 모델로, 대화를 통해 사용자의 질문에 대한 답변을 제공하는 것이 주된 기능입니다. 하지만, 선생님은 단순히 지식을 전달하는 역할뿐 아니라, 학생들의 질문에 대한 답변을 제공하고, 학생들의 이해도를 확인하며, 문제 해결 능력과 창의적 사고를 유도하고 발전시키는 등 다양한 역할을 수행합니다. 따라서, 선생님의 역할을 대체하는 것은 아직까지 어렵다고 할 수 있습니다. 하지만, 챗GPT는 개인 맞춤형 학습 지원, 온라인 상담 등에 이용될 수 있으며, 학생들의 학습에 도움을 줄 수 있는 기술적인 보조 수단으로 사용될 가능성이 있습니다.

챗GPT는 '선생님 대체'를 못하는 이유로 "선생님이 지식전달자의 역할만 하는 게 아니기 때문"이라고 말합니다. 그런 면에서 선생님과 챗GPT는 경쟁자보다는 협력자 관계라고 보는 것이 맞습니다. 챗GPT의 답변에서 볼 수 있듯이, 챗GPT는 한 명의 선생님이 할 수 없는 맞춤형 학습 지원을 할 수 있기 때문입니다.

현재 초등학교의 경우 학급당 학생 수가 최소 10명 이상이기 때문에 선생님이 모든 학생의 학습 수준과 성향 등을 고려해 가르치는 것은 어렵습니다. 특히 챗GPT에게 미래 선생님의 역할에 대해 물어봤는데, 선생님의 역할을 5가지 정도로 정리해줬습니다.

 '미래 선생님의 역할'에 대한 챗GPT의 답변

1. 가르치는 역할: 선생님은 학생들에게 지식을 가르치고 학습의 방향을 제시합니다. 이는 지식을 전달하는 것뿐만 아니라, 지식을 효과적으로 이해하고 활용할 수 있도록 돕는 역할도 수반합니다.
2. 지도하는 역할: 학생들의 학습 진도와 이해도를 파악하고, 그에 맞게 적절한 학습 지도를 제공합니다. 학생들의 능력과 역량을 고려하여 맞춤형 지도를 제공하는 것이 중요합니다.
3. 질문하는 역할: 선생님은 학생들에게 질문을 하여 학생들의 생각과 이해도를 파악하고, 이를 바탕으로 학습 방향을 조정합니다. 질문을 통해 학생들이 자신의 생각을 표현하고 발전시킬 수 있도록 돕는 역할입니다.
4. 지원하는 역할: 학생들이 학습에 어려움을 느낄 때 선생님은 학생들에게 지원을 제공합니다. 학습 장애나 학습 장애가 있는 학생들을 위해 추가적인 지원을 제공하는 것도 중요합니다.
5. 멘토링하는 역할: 선생님은 학생들의 적극적인 참여를 장려하고, 멘토 역할을 수행합니다. 학생들이 목표를 설정하고, 그것을 달성하기 위한 계획을 수립하며, 자기주도적인 학습 습관을 형성하는 것을 돕습니다.

특히 이 답변에 미래 선생님의 역할로 '가르치는 역할'이 들어가 있어, 이 5가지 역할 중 챗GPT가 대체할 수 있는 건 뭔지 물어봤습니다. 그 결과 챗GPT는 '지식과 정보 제공의 역할'을 대체할 수 있다고 합니다. 물론 지식 전달에서도 일부만 대체가능하다고 했습니다.

'선생님의 미래 역할 5가지 중 챗GPT가 대체할 수 있는 역할'에 대한 챗GPT의 답변 주요 내용

챗GPT는 특정 분야에 대한 지식과 정보를 제공하는 역할을 수행할 수 있습니다. 이는 선생님의 지식 전달 역할에서 일부를 대체할 수 있다는 것을 의미합니다. 하지만 챗GPT는 인간의 감성적인 요소나 상호작용, 적극적인 가르침, 학생들의 학습 상황 파악 등 인간의 다양한 역할을 대체할 수 없습니다. 따라서 선생님의 대체되기 어려운 역할들은 앞으로도 인간 선생님이 맡게 될 것입니다.

미래에 또 다른 생성AI가 등장한다면, 결국 선생님의 역할은 학생들과의 교류를 통해 왜 공부를 해야 하는지, 공부를 하면서 어려운 점은 없는지, 이를 어떻게 극복해야 하는지, 학생들이 스스로 지식을 습득할 수 있는 다양한 질문을 던지는 등으로 바뀔 수밖에 없습니다.

특성화고 선생님을 대상으로 한 미래교육 조사에서 '선생님의 미래 역할'에 대해 물어봤는데요, 그 결과 앞으로 선생님의 역할은 코치, 퍼실리테이터, 코디네이터, 인생디자이너, 진로가이더, 상담가로서 안내자와 조력자라고 나왔습니다.[8] 지금 언급된 이 역할은 선생님이 지식을 전달하기 위한 어떤 직접적인 활동은 없습니다. 단지 학생들 옆에서 학생들이 공부를 잘할 수 있게 해주는 역할만 할 뿐이죠.

플립러닝(Flipped Learning)이라는 게 있습니다. '거꾸로 학습'이라고 불리는데, 그 이유는 전통적인 수업과 달리 '수업은 집에서, 과제는 학교에서' 하기 때문입니다.[9] 성인교육뿐만 아니라 학교에서도 플립러닝을 도입하는데, 집에서는 온라인을 통해 사전에 학교에서 배워야 하는 내용을 공부하고 학교에서는 토론을 하는 것이죠. 챗GPT를 교육에 활용할 때도 마찬가지입니다. 선생님은 학생들에게 동영상, 교재, 논문 등 자료를 사전에 주고 챗GPT 등을 활용해 스스로 학습하게 한 후 수업에서는 이를 기반으로 토론과 발표를 하는 형태로 진행될 수 있습니다.[10]

또 다른 관점에서 볼까요? 선생님과 챗GPT가 왜 협력자인지 말이죠. 선생님들이 시험 문제를 출제한다고 했을 때에도 챗GPT는 도움을 줄 수 있습니다. 실제로 강남의 한 어학원에서는 챗GPT를 활용해 난도가 낮은 영어 문제를 출제하고 있다고 합니다.[11] 여러분들이 잘 아는 빈칸에 들어갈 단어를 찾는 문제 말이죠.

한편으로는 아직 챗GPT가 사람을 대체할 만큼의 능력을 가지고 있지 않다는 문제점도 있죠. 앞서 살펴봤듯이 챗GPT가 가지고 있는 거짓 정보 같은 문제는 선생님을 대체할 수 없게 합니다. 챗 GPT가 선생님 보조 역할을 할 수밖에 없는 것이죠. 이형종 렉스퍼 대표는 "챗GPT나 인공지능을 활용해 문제를 만들 경우 사실과 어긋난 내용을 그럴듯하게 문제로 내거나 초등·중등·고등 등의 난이도 수준을 AI가 잘 조절하지 못한다는 문제가 있다"고 말합니다.[12] 요즘 방송에서 거짓 뉴스나 정보가 이슈가 되어 팩트체크를 하는 것처럼 말입니다.

플립러닝을 한다고 해도 마찬가지겠죠. 학생들이 집에서 챗GPT를 활용해 어떤 개념이나 이론에 대해 공부를 해왔다고 해도 편향성 혹은 거짓 정보가 있어 선생님이 수업 중에 확인할 수밖에 없습니다. 학생들이 챗GPT와 대화를 하며 사전에 공부를 했더라도 대화를 하면서 어떤 질문을 했고, 그 질문이 잘못된 시각을 갖고 한 건 아닌지, 혹은 올바른 질문을 통해 올바른 답을 했는지 살펴볼 필요가 있습니다. 챗GPT 시대의 핵심은 질문을 통해 학생들이 새로운 것을 쉽고 빠르게 습득하는 대신, 그 답변을 보며 더 많은 생각을 하는 게 필요하기 때문입니다.

선생님과 챗GPT가 왜 협력자가 될 수 있는지 또 생각해볼까요? 실제 우리 곁에 온 수많은 AI 콘텐츠들은 챗GPT처럼 맞춤형 학습을 제공합니다. 하지만 여전히 학습관리 선생님이 방문을 통해 학생들의 학습 활동을 확인합니다. 아무리 AI라고 하더라도 학생이 궁금해하는 사항에 대한 지도가 쉽지 않기 때문이죠.

물론 챗GPT는 이런 AI보다 진보된 형태의 기술이지만 단순히 대화만으로 학생의 궁금증을 해소하는 데는 한계가 있을 수밖에 없습니다. 실제로 '웅진스마트올'의 경우 패드만으로 자율 학습을 하는 회원 비중은 18%, 교사와 대면하는 회원은 82%에 달한다고 합니다.[13] AI가 아직은 감성적인 측면을 다루기는 어려운 거죠. 이미 기존에 나온 수많은 AI들이 감성적인 면을 강조했지만 아직 인간만큼의 감성을 가지기는 어려운 것입니다.

『훌륭한 교사는 무엇이 다른가』라는 책에서는 훌륭한 교사의 17가지 특성에 대해 이야기하는데요, 그중에 보살핌의 매력이 있습니다. 이 책에서는 "교사가 학생을 세심하게 배려할수록, 학생에게 가까이 다가갈 기회가 늘어난다. 우리는 교수가 어떻게 해야 학생들에게 관심과 존경을 받을 수 있는지 설명할 수 있다. 그러나 그 이유를 안다고 모든 학생을 잘 이끌 수 있는 것은 아니다. 학생들과 감정적으로 통해야 그들의 마음을 얻을 수 있다. 훌륭한 교사는 행동과 신념을 좌우하는 감정의 영향을, 변화를 가능케 하는 감정의 힘을 잘 알고 있다"라고 말합니다.

결국 AI가 이 '감정의 힘'이라는 것을 극복하지 못한다면 선생님을 대체하기란 쉽지 않아 보이죠. 변화무쌍한 학생들에게 이 감정은 공부에 대한 동기를 힘껏 북돋아줄 수 있는 아주 강력한 힘이기 때문입니다. 이와 관련해 『최고의 교육은 어떻게 만들어지는가』에 나온 교사의 힘에 대한 이야기는 AI 시대 선생님의 역할이 무엇이 될지를 명확하게 보여줍니다.

"과목의 내용은 금방 잊히지만 그것을 가르쳐온 사람에 대한 기억은 오래 남는다. 아이들이 수학이나 영어, 사회과학을 좋아하는지 싫어하는지는 대개 그 과목을 배운 교사와의 관계가 어땠느냐에 달려 있다. 아이들은 훌륭한 선생님과의 관계 속에서 배움에 대한 열정을 키우고, 인생을 살아가는 데 필요한 지혜를 얻고, 성실하고 믿음직한 성인으로 성장할 수 있다. 이것이 바로 교사의 힘이다."[14]

물론 영화 〈그녀(Her)〉에서처럼 주인공 '테오도르'가 AI '사만다'와 사랑에 빠질 수 있는 수준까지 기술이 발달한다면 모르겠지만 말입니다. 더 나아가 AI 사만다가 말한 것처럼 챗GPT가 이 정도까지 말할 수 있다면요.

"인간이 느낄 수 있는 감정은 이미 다 느꼈지 싶어. 그럼 새로운 느낌 없이 덤덤히 사는 거지. 이미 다 느껴봐서 시큰둥할 뿐."

아직은 불완전한,
그러나 가능성은 무한한 챗GPT

지금까지의 이야기만 보면, 조금 과장해서 챗GPT는 '신의 영역'
에 있는 것 같죠. 그런데 챗GPT도 한계점이 있습니다. 많은 사람
들이 지적하듯이 2021년 데이터까지만 학습이 되어 있다는 점 때
문이죠.

언론에 많이 나오는 것처럼 한국 대통령에 대해 질문을 하면 문
재인 대통령이라고 답합니다. 그런데 이런 데이터의 문제는 시간
이 지나면 해결 가능하죠. 지금도 크롬에 WebChatGPT란 확장
프로그램을 설치하면 다음과 같이 현재 한국의 대통령에 대해 올
바른 답변을 해줍니다.

'현재 한국 대통령'에 대한 챗GPT의 답변

현재 대한민국의 대통령은 제20대 윤석열입니다. 윤석열 대통령은 2022년 5월 10일부터 2027년 5월 9일까지 임기를 맡고 있습니다. 윤석열 대통령은 검찰 출신으로, 27년여간 검찰에서 권력형 비리 등 특수 수사에 특화된 경험을 쌓아왔습니다.

또한 아직 한국어 학습이 덜 되었는지 잘못된 정보를 전달해주기도 합니다. WebChatGPT 프로그램을 설치한 후 "신사임당에 대해 설명해줘"라는 질문을 했는데 아래와 같이 잘못된 정보가 나왔죠. "대표적인 작품으로는 현모양처가 있습니다"가 그 예입니다.

 '신사임당'에 대한 챗GPT의 답변

신사임당은 조선시대의 여성 인물로, 대표적인 향토예술가이자 훌륭한 화가였습니다. 또한, 대표적인 성리학자였으며, 율곡 이이와 함께 실학의 대표적 인물 중 하나입니다. 신사임당은 군자의 도덕과 여성의 인물이면서도, 예술가로서의 자질을 지녔습니다. 대표적인 작품으로는 '현모양처'가 있습니다.

답변과 관련해 챗GPT가 간단한 지식을 습득하는 데는 유용하지만 답변에 대한 출처가 없어 전문적인 학습에는 한계가 있습니다. WebChatGPT 프로그램을 설치하면 출처 파악이 가능하지만

챗GPT가 십대들에게 보여주는 미래

이 또한 정보의 신뢰성이 낮습니다.

서울대학교 생명과학부 교수가 단백질 구조와 관련된 참고 논문을 챗GPT에게 알려달라고 해서 관련 논문을 제시받았지만, 실제 논문은 해당 학술지에서 찾을 수 없었다고 합니다.[15] 이처럼 챗GPT는 없는 정보를 만들어내기도 해서 요즘 유튜브의 가짜 뉴스처럼 데이터의 신뢰성을 한순간에 잃어버리게 합니다. 그래서 학술 분야의 경우 논문의 초록을 만들 때에만 챗GPT를 주로 사용합니다. 결국 챗GPT가 올바른 답변을 하기 위해서는 흔히 말하는 쓰레기 데이터를 학습하지 않도록 해야 하는 과제를 안고 있습니다.

오픈AI의 CEO 샘 알트먼 또한 이런 문제를 인식하고 있어 "중요한 일을 챗GPT에 의존하는 것은 실수"라고 말합니다.[16] 이런 생성AI가 활성화되는 것도 좋지만 지금처럼 거짓 뉴스가 사람들을 현혹시키지 않도록 해야겠죠.

이 문제는 언어 학습에 있어서도 마찬가지입니다. 영어 데이터를 학습한 챗GPT는 한국과 관련된 문제에 대해 잘못된 정보를 전달할 수 있습니다. 앞서 본 것처럼 말이죠. 독도와 관련된 이슈도 잘못 알려줄 가능성이 있겠죠.

또 다른 한계는 뭐가 있을까요? 챗GPT가 정말 세상에 있는 모든 데이터를 학습해 객관적으로 데이터를 분석한다면 다행이지만, 현재로서는 한계가 존재합니다. 그래서 학습된 데이터 중심으로만 정보를 노출해 어떤 주제나 이슈 혹은 지식에 대해 다양한 관점의 설명이 부족할 수 있습니다.

챗GPT의 강화학습은 결국 데이터의 편향을 만들 수밖에 없는 구조입니다. 예를 들어, 챗GPT를 사용하지 못하는 국가나 사람들은 자신과 관련된 데이터를 수정할 수 있는 기회가 없죠. 그러면 어떻게 될까요? 결국 제3자의 잘못된 시선이 그대로 담길 수가 있겠죠.

2023년 2월 14일. 한 언론에서 챗GPT가 한글을 중국이 만들었다고, 조선의 왕이 신사임당이었다고 엉터리 답을 했다는 내용의 기사를 보도했습니다. 지금은 훈민정음에 대해 챗GPT가 올바른 답변을 하지만 이 기사에는 "훈민정음은 15세기 중국의 이황이 만든 한글의 원리를 설명하는 서적입니다"라고 나옵니다. 신사임당과 관련해서도 신사임당의 아들에 대해 물어보면, 다음과 같이 엉터리 답변을 하죠.

 '신사임당의 아들'에 대한 챗GPT의 답변

신사임당의 아들은 없습니다. 신사임당에게는 딸 다섯 명만 있었고, 그 중에서도 둘째 딸이었습니다. 그러나 신사임당은 아들 대신 딸들을 가르치며 자신의 철학을 전했습니다. 그녀의 딸들 중 맏딸인 경산공주와 다섯째 딸인 명천군주가 역사적으로 유명합니다. 경산공주는 조선 후기의 유명한 여러 시인들과 교류하며 문학적 재능을 인정받았고, 명천군주는 청나라와의 외교협상에서 중요한 역할을 하였습니다.

실제 신사임당은 중종 17년(1522년) 이원수와 결혼해 이선, 이번, 이이, 이우의 네 아들을 두었고, 조대남, 윤섭, 홍천우에게 출가한 세 딸을 두었습니다.[17] 이는 챗GPT가 정보를 제대로 취합하고 분석하지 못해서 생겨난 오류입니다. 답변의 출처를 들어가보면 위키피디아로 되어 있는데, 해당 내용은 다음과 같이 되어 있습니다.

> "사임당의 형제에는 아들은 하나도 없고 딸만 다섯이었는데, 사임당은 그중에서 둘째 딸이었다. … 이는 신사임당의 개인의 능력이나 삶을 보여주기보다는 누군가의 딸이면서 아내이면서 며느리이자 어머니였던 신사임당을 표현하고 있다."

원천 자료 자체는 문제가 없지만, 아직 한국어 능력이 낮은지 내용을 제대로 이해하지 못하고 답변을 했기 때문이죠. 이처럼 데이터와 관련된 이슈는 생성AI의 대표적인 문제입니다. 이를 '할루시네이션(hallucination)'이라고 하는데, AI가 잘못된 정보를 학습해 마치 사실인 것처럼 알려주죠.

일부 정보는 사실이고 일부 정보가 거짓이라면 사실 사람들이 거짓 정보를 알아차리기 쉽지 않습니다. 이런 정보에 대해 사람들이 '좋아요'를 해서 잘못된 학습을 한다면 어떨까요? 잘못된 정보가 확대 재생산되지 않을까요? 페이스북이나 유튜브의 거짓 뉴스처럼요.

Chat GPT

챗GPT는 여러분만의 스마트한 선생님이 될 수 있습니다. 2장에서는 챗GPT 선생님과 함께 왜 공부해야 하는지, 과목별로 어떻게 공부할 수 있는지 알아봅니다. 챗GPT는 뭔가를 만들어내는 능력이 탁월하기 때문에 국어, 영어 같은 언어 과목 학습에 매우 유용한데, 2장에서는 여러분의 어휘력, 독해력, 글쓰기 능력, 토론 능력, 말하는 능력을 쉽게 향상할 수 있는 학습 방법을 제시합니다. 다만 아직 국어, 영어 외의 다른 과목은 거짓 정보를 알려주기도 해서 아직은 함께 공부하는 데 어려움이 있습니다.

> 2장 <

챗GPT와 함께
공부하기

Chat GPT

[국어]
챗GPT가 말하는
국어 공부 잘하는 방법

요즘 십대들은 어렸을 적부터 디지털 영상에 노출되다 보니, 텍스트보다는 영상이나 이미지에 익숙합니다. 학습도 마찬가지죠. 글자가 많은 책을 보면 금세 지루해지고 읽기를 꺼려합니다. 설사 계속 보더라도 책에서 무슨 이야기를 하고 있는지도 모른 채 말 그대로 글자만 읽습니다. 전혀 이해 없이요.

그런데 국어 공부를 잘하기 위해서는 흔히 문해력이 필요하다고 하죠. 과거 수능시험에서는 수학과 영어가 가장 중요했지만, 이제는 수학과 영어와 비등할 정도로 국어가 중요해졌습니다.

그만큼 학생들이 텍스트에 익숙하지 않은 거죠. 책을 많이 읽고 스스로 그 책의 내용이 무엇인지 이해하고 이를 자신의 생각과 함께 글로 써보는 연습이 필요한데, 과거보다 그런 활동이 많이 줄어들었기 때문입니다. 이제는 일상의 모든 것을 유튜브 같은 영상 SNS로 학습을 해버리죠.

챗GPT는 국어 공부 잘하는 방법에 대해 어떤 생각을 가지고 있을까요? "어떻게 하면 국어 공부를 잘할 수 있을까?"라고 챗GPT에게 물어봤는데요, 독서, 작문, 토론 등 우리가 흔히 알고 있는 방법을 알려줍니다. 사실 그렇죠. 국어 공부를 잘하려면 일단 많이 읽고 쓰고 자신의 생각을 말해야 합니다.

 '국어 공부 잘하는 방법'에 대한 챗GPT의 답변

1. 독서를 하며 언어 실력 향상하기: 독서는 언어 실력 향상에 매우 효과적입니다. 자신이 관심 있는 주제의 책을 선택하여 읽거나, 문학 작품 등 다양한 장르의 책을 읽어보세요. 독서를 하면서 생소한 단어나 표현을 찾아보며, 더욱 풍부한 언어 실력을 키울 수 있습니다.

2. 작문 및 토론 연습하기: 작문이나 토론 연습은 언어 실력을 향상시키는 데 매우 효과적입니다. 자신이 생각하는 주제를 선정하고, 그에 대해 글을 쓰거나 말하는 연습을 하세요. 자신의 생각을 논리적으로 전개하고, 적절한 언어로 표현하는 능력을 키울 수 있습니다.

3. 문법과 어휘 학습하기: 국어 공부에서 문법과 어휘는 매우 중요합니다. 적극적으로 문법 규칙과 어휘를 학습하며, 실제 문장을 만들어 보면서 학습한 내용을 적용해보세요.

4. 매일 한 문장씩 외우기: 하루에 한 문장씩 새로운 표현이나 문장을 외워보세요. 이렇게 하면 어휘와 표현력을 향상시키는 데 매우 효과적입니다.

5. 교재와 모의고사 활용하기: 국어 교재나 모의고사를 활용하여 문제 풀이를 많이 연습해보세요. 교재와 모의고사를 통해 자신의 약점을 파악하고, 해당 부분을 집중적으로 학습할 수 있습니다.

너무 평이한 답변이죠. 그래서 "디지털 네이티브는 문해력이 떨어지는데, 어떻게 하면 문해력을 높일 수 있을까?"라고 다시 질문을 해봤습니다. 그러자 7가지 정도를 말해줬는데요, 그중에서 조금 유심히 볼 만한 방법이 있습니다. 그것은 바로 '느린 독해, 노트 만들기, 스스로 퀴즈 만들기'입니다.

 '문해력 높이는 방법'에 대한 챗GPT의 답변

디지털 네이티브들은 디지털 기술에 능숙하지만, 전통적인 문해력이 부족한 경우가 많습니다. 그러나 문해력을 향상시키는 것은 가능합니다.

1. 독서 습관을 기르세요: 독서는 문해력을 높이는 가장 효과적인 방법 중 하나입니다. 일상 생활에서 독서 시간을 확보하고 다양한 장르와 주제의 책을 읽어보세요.

2. 느린 독해: 디지털 네이티브들은 텍스트를 빠르게 훑어보는 경향이 있습니다. 하지만 문장마다 의미를 꼼꼼하게 파악하며 천천히 읽어보는 것이 좋습니다.

챗GPT와 함께 공부하기

3. 뉴스 기사 읽기: 뉴스 기사는 다양한 주제와 글쓰기 스타일을 접할 수 있어 문해력을 향상시키는 데 좋은 자료입니다.

4. 어휘력 향상: 어휘력이 풍부해지면 문장의 의미를 파악하기 쉬워집니다. 따라서 새로운 단어를 학습하고, 자주 사용하는 단어의 뜻을 확실히 이해하는 데 집중하세요.

5. 노트를 만들기: 독서나 기사를 읽은 후, 중요한 내용이나 어려운 용어를 메모해 두는 것이 좋습니다. 이렇게 노트를 만들면 내용을 다시 복습할 때 도움이 됩니다.

6. 온라인 강좌 수강: 인터넷을 통해 다양한 주제의 강좌를 듣는 것도 문해력 향상에 도움이 됩니다. 강사가 설명하는 내용을 천천히 이해하고 따라가보세요.

7. 스스로 퀴즈 만들기: 읽은 내용을 바탕으로 스스로 문제를 만들어보는 것도 좋습니다. 이를 통해 자신의 이해도를 점검할 수 있습니다.

위의 방법을 시도해보면 디지털 네이티브도 문해력을 높일 수 있습니다. 그러나 중요한 것은 꾸준한 노력입니다. 문해력은 일시적인 노력으로 향상되기보다는 지속적인 노력으로 발전됩니다.

첫째는 '느린 독해'입니다. 느린 독해가 중요한 이유는 챗GPT도 말했듯이, 디지털 네이티브는 영상을 통해 세상을 이해하고 배우기 때문입니다. 그렇게 되면 어떨까요? 순간순간 스쳐가는 이미지만 머릿속에 남아 어떤 대상에 대한 깊은 이해가 어렵습니다. 만약 여러분이 넷플릭스나 디즈니 플러스 같은 OTT를 통해 영화, 드라마 등을 볼 때 어떤 행동을 하는지 생각해보면 금방 이해가 될 것입니다.

영화를 보다가 조금 지루해지면 바로 '빨리감기'를 하지 않나요? 혹은 보고 싶은 부분만 보는 경향이 있지 않나요? 사실 유튜브를 볼 때도 마찬가지죠. 어른들도 똑같습니다. 그래서 문해력은 아이들뿐만 아니라 어른에게도 큰 문제가 되고 있습니다.

'금일'을 '금요일'이라고 말을 하거나 '심심한 위로'에서 '심심'을 정말 우리가 말하는 할 일이 없어 심심하다는 뜻으로 알고 있는 경우도 많죠. 금일은 한자로 보면 今日입니다. 그래서 오늘을 뜻하는데 말이죠. 심심한 위로도 마찬가지입니다. 심심은 한자로 甚深입니다. 네이버 사전에서는 '심심하다'를 '마음의 표현 정도가 매우 깊고 간절하다'라고 정의하고 있습니다. 물론 하는 일이 없어 지루하고 재미가 없을 때도 '심심하다'라고 하죠. 이처럼 어른들도 단어를 맥락에 따라 이해해야 하는데, 그렇지 못한 경우가 많아지고 있습니다.

둘째는 '노트 만들기'입니다. 우리가 기록을 하는 이유가 무엇일까요? 아무리 똑똑한 사람이라도 언젠가는 잊어버리기 때문에 책을 읽고 메모를 하죠. 그런데 영상은 어떤가요? 영상을 보면서 메모하는 게 가능할까요? 영상을 보면서 메모를 하려다 보면 중요한 장면을 놓쳐 '돌려보기'를 통해 그 장면을 보려고 하죠. 그런데 메모를 하면 그 상황이나 대상에 대해 한 번 더 생각해볼 기회를 가질 수 있습니다. 나중에 메모한 것을 보고 그 당시 상황을 기억해볼 수도 있죠.

셋째는 '스스로 퀴즈 만들기'입니다. 스스로 퀴즈 만들기는 어떤 측면에서 중요할까요? 사람들은 요즘 스스로 공부하기보다는 누군가가 정리한 걸 가지고 공부하거나 누군가가 직접 알려주기를 바라죠. 우리가 유튜브를 찾는 이유도 그렇죠. 내가 뭔가를 공부하기 위해 많은 책을 공부하기보다는 누군가 간략하게 정리한 걸 보면 쉽게 이해할 수 있습니다. 그러다 보니 스스로 이해하고 뭔가를 만들어내는 능력이 떨어지게 됩니다. 그래서 챗GPT도 스스로 퀴즈 만들기란 방법을 알려준 것이죠.

실제로 챗GPT와 함께 국어 공부를 할 수 있는 방법들은 뭐가 있을까요? 이 질문에는 챗GPT의 답변이 가장 정확하겠죠. 챗GPT는 단어 학습, 독해 연습, 글쓰기 지원, 작문 연습, 단어 게임, 문장 구조 분석, 글쓰기 대화 등 10여 가지의 아이디어를 알려주는데요, 챗GPT와 정말 많은 것을 해볼 수 있겠죠.

 챗GPT로 할 수 있는 국어 공부 방법

1. 단어 학습: 챗GPT는 많은 언어를 이해하고 학습하였기 때문에, 새로운 단어를 학습하는 데에 유용합니다. 예를 들어, "사과"라는 단어를 입력하면 챗GPT는 사과의 뜻과 사용 예시를 제공할 수 있습니다.

2. 독해 연습: 챗GPT는 주어진 문장을 이해하고 분석할 수 있습니다. 따라서 학생들은 챗GPT에게 문장을 입력하고, 문장의 의미와 주요 아이디어를 이해하는 연습을 할 수 있습니다.

3. 글쓰기 지원: 챗GPT는 글쓰기에 필요한 문법과 어휘 등을 이해하고, 다양한 글쓰기 도구를 제공할 수 있습니다. 예를 들어, 학생들은 챗GPT에게 글쓰기 과제를 입력하고, 문장 구조, 문법, 어휘 사용 등에 대한 피드백을 받을 수 있습니다.

4. 작문 연습: 학생들은 챗GPT에게 주어진 주제에 대한 글쓰기를 요청할 수 있습니다. 챗GPT는 주제에 대한 정보를 제공하고, 학생들이 작문을 시작하는 데 도움을 줄 수 있습니다.

5. 단어 게임: 학생들은 챗GPT와 함께 단어 게임을 할 수 있습니다. 예를 들어, 학생들은 챗GPT에게 한글 단어를 입력하고, 챗GPT는 그 단어와 관련된 단어를 제시할 수 있습니다.

6. 문장 완성: 학생들은 챗GPT에게 시작 문장을 제공하고, 챗GPT가 그 문장을 완성하도록 요청할 수 있습니다. 이를 통해 학생들은 문장 구조와 문법 등을 더 잘 이해하고 연습할 수 있습니다.

7. 문장 해석: 학생들은 챗GPT에게 어려운 문장을 입력하고, 그 문장의 의미와 구조에 대한 해석을 요청할 수 있습니다. 챗GPT는 해당 문장을 분석하고, 학생들이 이해하기 쉽도록 설명해 줄 수 있습니다.

8. 시 구성: 학생들은 챗GPT에게 시의 구성 요소에 대한 질문을 할 수 있습니다. 챗GPT는 시의 구성요소, 예를 들어, 구절, 문장, 운율, 리듬 등에 대한 정보와 예시를 제공할 수 있습니다.

9. 작품 분석: 학생들은 챗GPT에게 문학 작품에 대한 분석을 요청할 수 있습니다. 챗GPT는 작품의 주요 테마, 캐릭터, 전개 등에 대한 정보와 분석을 제공할 수 있습니다.

10. 동화 이해: 학생들은 챗GPT에게 동화를 입력하고, 그 동화의 내용과 메시지에 대해 이해하는 연습을 할 수 있습니다. 또한, 챗GPT는 학생들이 입력한 동화에 대한 추가 정보와 설명을 제공할 수 있습니다.

11. 작가 연구: 학생들은 챗GPT와 함께 작가 연구를 할 수 있습니다. 예를 들어, 학생들은 특정 작가의 작품과 스타일에 대한 질문을 하고, 챗GPT는 해당 작가와 작품에 대한 정보와 분석을 제공할 수 있습니다.

12. 맞춤법 검사: 학생들은 챗GPT를 사용하여 자신의 글이 맞춤법과 문법적으로 올바른지 검사할 수 있습니다. 챗GPT는 학생들의 입력을 분석하고, 오류를 찾아 수정할 수 있습니다.

13. 문장 구조 분석: 학생들은 챗GPT와 함께 문장 구조를 분석하는 연습을 할 수 있습니다. 예를 들어, 학생들은 챗GPT에게 특정 문장을 입력하고, 그 문장의 주어, 동사, 목적어 등의 구성 요소를 파악하는 연습을 할 수 있습니다.

14. 글쓰기 대화: 학생들은 챗GPT와 대화하면서 글쓰기를 연습할 수 있습니다. 예를 들어, 챗GPT가 학생들의 글을 읽고, 피드백을 주면서 학생들이 글을 수정하고 발전시키는 과정을 함께 할 수 있습니다.

Chat GPT

[국어]
어휘: 단어의 뜻을 파악하고
적용한 문장 만들기

챗GPT로 어휘력을 높이기 위해 공부한다면, 구체적으로 어떻게 할 수 있을까요? 여러분이 모르는 어휘를 챗GPT에게 물어볼 수 있겠죠. 네이버에 물어보지 않고요. 또 여러분이 원하는 상황에서 그 단어가 활용된 문장을 만들어볼 수 있습니다. 네이버는 이미 정해진 예시 문장이 있지만요.

예를 들어, '왜곡'이란 단어를 챗GPT에게 물어볼까요? 챗GPT는 왜곡에 대해 어떤 것을 비틀거나 일그러뜨리는 것이라고 말하죠. 이와 관련한 추가적인 설명도 해줍니다.

'왜곡'이란 단어에 대한 챗GPT의 답변

왜곡이란, 어떤 것을 비틀거나 일그러뜨리는 것을 의미합니다. 흔히 진실을 왜곡하거나 사실을 과장하여 표현하거나, 어떤 사물이나 개념을 왜곡하여 이해하거나 설명하는 것을 말합니다.

왜곡은 종종 의도적으로 이루어지기도 하지만, 때로는 무의식적으로 이루어질 수도 있습니다. 뉴스나 정치 등에서는 특히 흔하게 나타나는데, 언론사나 정치인 등이 편향된 시각을 가지고 사실을 과장하거나 누락하여 보도하는 경우가 있습니다.

따라서, 왜곡은 사실과 진실을 왜곡시켜서 신뢰도를 떨어뜨리는 결과를 초래할 수 있으므로 주의가 필요합니다.

네이버 사전에서는 '사실과 다르게 해석하거나 그릇되게 함'이라고 정의하고 몇 가지 예문을 알려주지만, 사실 깊게 공부하려면 이것만 가지고는 부족하죠. 그런 면에서 챗GPT는 여러분의 좋은 선생님이 됩니다.

실제로 챗GPT에게 '왜곡'이란 단어를 활용한 간단한 문장을 만들어달라고 하면 "그 기사는 사실을 왜곡하여 보도한 것 같아요"라는 문장을 만들어줍니다.

그뿐인가요? "추가적으로 3문장 정도 더 알려줘"라고 하면 다음과 같이 추가 문장을 제시해주죠. 즉 챗GPT는 여러분이 원하는 만큼의 문장을 다 만들어줄 수 있습니다.

챗GPT가 추가적으로 만들어준 3문장

1. 그들은 이야기를 왜곡하여 그녀를 비난했다.
2. 그의 말에는 사실과 다른 부분이 많이 포함되어 있어서, 그의 주장이 왜곡되어 보였다.
3. 역사가들은 종종 문서나 기록을 왜곡하여 그들만의 역사를 만들어내 곤 했다.

게다가 "왜곡이란 단어를 넣어서 5문장 정도의 한 문단을 만들 어줘"라고 하면 아래와 같이 글도 써줍니다.

 챗GPT가 '왜곡'이란 단어를 활용해 써준 한 단락

그 기사는 사실과는 다른 내용이 포함되어 있어 왜곡된 내용으로 여겨졌 다. 그 결과, 많은 독자들이 이 기사의 신뢰성을 의심하게 되었다. 이와 같은 왜곡 현상은 언론에서 종종 발생하며, 이는 언론의 중요성을 강조 하는 한편, 언론의 신뢰성 유지에 대한 요구도 더욱 강조하게 된다. 또한, 정치에서도 왜곡은 빈번히 발생한다. 특히, 선거 직전에는 더욱 많은 왜 곡이 일어나는데, 이는 정치인들이 상대편을 공격하거나 자신을 옹호하 기 위해 사실을 왜곡하게 되는 결과를 초래한다. 결국, 왜곡은 사실을 지 키는 데 있어서 큰 장애물이 될 수 있으며, 이는 신뢰성과 진실성을 요구 하는 모든 분야에서 주의해야 할 문제점이다.

나아가 챗GPT는 '왜곡'이라는 단어를 가지고 설명문도 만들어서 여러분이 왜곡이란 단어를 정말 깊이 이해할 수 있게 해줄 수도 있습니다. 예를 들어, "왜곡이란 단어를 가지고 4문단 정도의 설명문을 만들어줘"라고 하면 다음처럼 설명문을 만들어주죠.

 챗GPT가 '왜곡'이란 단어를 가지고 작성한 설명문

왜곡은 어떤 사실을 고의적으로 혹은 무의식적으로 왜곡하는 것을 말합니다. 이는 매우 위험한 결과를 초래할 수 있는데, 특히 언론이나 정치에서 더욱 그러합니다. 언론에서 발생하는 왜곡 현상은 대중들의 불신을 촉발하며, 정치적인 상황을 더욱 악화시키는 원인이 됩니다.

왜곡의 대표적인 예로는 편견이나 선입견이 있습니다. 편견이란 어떤 사람이나 그룹, 혹은 이야기 등에 대한 선입견으로 인해 사실을 왜곡하는 경향이 있습니다. 이러한 편견은 자신이 가지고 있는 선입견을 끊임없이 반성하고, 다양한 시각을 수용하려는 노력이 필요합니다.

그러나 왜곡은 항상 고의적인 것은 아닙니다. 때로는 무의식적으로 왜곡하는 경우도 있습니다. 이러한 경우에는 자신이 가지고 있는 편견이나 선입견을 인지하고, 그것을 극복하기 위해 노력하는 것이 중요합니다. 이를 통해 더욱 공정하고 올바른 사고 방식을 갖추게 됩니다.

왜곡을 방지하기 위해서는 항상 비판적인 시각으로 사실을 확인하고, 그것을 충분히 검증하는 것이 필요합니다. 또한, 왜곡이 발생하는 원인을 파악하고, 그에 대한 대처법을 학습하여 미리 예방하는 것도 중요합니다.

마지막으로, 왜곡을 방지하기 위해서는 개인적인 노력 뿐만 아니라 사회적인 시스템에서도 적극적인 노력이 필요합니다. 특히, 언론과 정치에서는 진실성과 공정성을 지키기 위한 제도적인 개선이 필요합니다. 이러한 노력이 모두 결합되어야, 우리는 보다 건강하고 공정한 사회를 만들어갈 수 있을 것입니다.

챗GPT가 이런 역할만 할까요? 그렇지 않습니다. 챗GPT는 문제도 만들 수 있습니다. 챗GPT에게 "초등 고학년이 어휘력을 높이기 위한 문제를 난이도별로 3개씩 알려줘"라고 질문을 하면 실제 난이도 상중하에 따른 문제를 만들어줍니다. 문제에 대한 답을 알려달라고 하면 답도 알려주죠.

 챗GPT가 난이도를 구분해 만들어준 '어휘력' 관련 문제

난이도: 하

1. 다음 중 어휘 뜻이 다른 단어를 고르세요.
- 괴물: 몬스터, 고약한, 거대한
- 눈물: 슬픈, 울음, 눈물나게 하다
- 화합: 합의, 서로, 화해

다음 단어의 뜻을 쓰세요.
- 곰팡이: 곰팡이는 습기가 많은 곳에서 자라는 미생물이다.
- 목젖: 목젖은 암컷 동물에서 유방 주위의 부분이다.
- 갑옷: 갑옷은 몸을 보호하기 위한 방어구이다.

다음 단어의 반대어를 쓰세요.
- 덥다: 시원하다
- 좁다: 넓다
- 예쁘다: 추하다

난이도: 중

1. 다음 단어의 뜻을 고르세요.
- 대량생산 a. 소량 생산 b. 대규모 생산 c. 중량 생산
- 침체기 a. 불황 기간 b. 성장 기간 c. 안정 기간
- 재난 예방 a. 재해 예방 b. 위험 대비 c. 대책 마련

다음 문장의 빈칸에 들어갈 알맞은 단어를 고르세요.

- 올해 초등학교 6학년 생은 중학교 ____(으로/로) 넘어갑니다.
- 그녀는 운동을 시작한 지 1년밖에 되지 않았는데도 ____ (매일/모든 날) 꾸준히 운동합니다.
- 알파벳을 외우기 위해서는 ____ (반복적으로/한번만) 연습하는 것이 중요합니다.

다음 단어의 뜻을 쓰세요.

- 강철: 강철은 철과 탄소를 혼합하여 만든 강한 금속으로, 다양한 산업 분야에서 사용됩니다.
- 독창성: 독창성이란, 새로운 아이디어나 창작물을 만들어내는 능력을 말합니다.
- 대체하다: 대체하다는, 어떤 것을 다른 것으로 바꾸는 것을 말합니다.

난이도: 상

1. 다음 문장의 빈칸에 들어갈 알맞은 단어를 고르세요.

- 그의 연설은 많은 사람을 ____ (감동시키다/놀라게 하다/화나게 하다) 성공했습니다.

다음 단어의 뜻을 고르세요.

- 유전자: 유전자는 생물의 유전 정보를 담고 있는 유기 분자로, 세포 분열과 번식에서 중요한 역할을 합니다.

a. 생물체를 구성하는 물질

b. 유전 정보를 담은 유기 분자

c. 세포의 기본 단위

- 산소포화도: 산소포화도는 혈액 속에 산소가 얼마나 많이 포화되어 있는지를 나타내는 지표입니다.

a. 혈액의 분장

b. 혈액 내 산소량

c. 혈압의 강도

- 정점: 정점은 도형이나 그래프에서 가장 높은 점이나 꼭짓점을 말합니다.
  a. 도형이나 그래프의 높은 부분
  b. 가장 큰 부분
  c. 중심이 되는 부분(중략)

물론 지금은 시중에 판매되고 있는 문제집처럼 다양한 각도에서 만들어진 문제를 알려주진 못합니다. 하지만 AI가 여기까지 진화했다는 것 자체가 대단한 일이죠.

앞으로 더 많은 학습이 된다면 어떻게 될지 한번 생각해보세요. 진짜 여러분 눈앞에 1분도 안 되어서 학교에서 출제될 법한 문제가 나온다면 어떨까요? 지금의 진화 속도로 보면 조만간 그런 날이 오겠죠.

Chat GPT

[국어]
독해: 글의 구조 파악하고
독해 지문 만들기

국어 독해에서 가장 중요한 건 '글의 구조 파악'이죠. 즉 각 문단별 핵심 문장과 뒷받침 문장이 무엇인지를 아는 것입니다. 이런 글의 구조를 알아야 글에서 말하고 싶은 것이 무엇인지 알 수 있기 때문이죠.

챗GPT에게 앞서 챗GPT가 만들었던 '왜곡을 활용한 설명문'을 입력한 후, 글의 구조에 대해 설명해달라고 했습니다. 챗GPT 자신이 작성한 글이기 때문에 더 글의 구조를 잘 파악했을 것이라 생각되는데요, 어떤 답변을 했을까요? 챗GPT는 글의 구조를 서론, 본론, 결론으로 나눠서 설명해줬습니다. 만약 여러분이 어떤 글을 읽고 이해가 되지 않는다면, 이렇게 챗GPT에게 물어봄으로써 누군가의 도움을 받지 않고 쉽게 내용 파악을 할 수 있습니다.

 '왜곡을 활용한 설명문의 구조'에 대한 챗GPT의 답변

위 글은 일반적으로 논문이나 에세이에서 사용되는 전형적인 구조를 가지고 있습니다. 구체적으로는 다음과 같은 구조로 이루어져 있습니다.

　　1. 서론: 본문의 내용에 대한 소개와 전반적인 배경 설명
　　• "왜곡"이란 단어의 정의와 위험성에 대한 설명
　　• 왜곡이 더욱 심각한 문제가 되는 분야에 대한 언급
　　2. 본론: 주제에 대한 자세한 설명과 예시
　　• 왜곡의 대표적인 예시인 편견과 선입견에 대한 설명
　　• 왜곡이 항상 고의적인 것은 아니며, 때로는 무의식적으로 발생하는 경우도 있음을 언급
　　• 왜곡을 방지하기 위한 방법과 노력에 대한 설명
　　3. 결론: 본문 내용에 대한 요약과 전체적인 결론 제시
　　• 왜곡을 방지하기 위해 필요한 개인적인 노력과 사회적인 시스템의 개선 필요성 강조
　　• 전반적인 내용 요약과 더 건강하고 공정한 사회를 만들기 위한 노력 중요성 강조

이러한 구조는 본문 내용을 체계적이고 명확하게 전달하기 위해 매우 효과적인 방법 중 하나입니다.

본론에 대한 내용을 구체적으로 더 파악하고 싶다면, 어떻게 할 수 있을까요? 챗GPT에게 "윗글의 본론의 내용을 핵심 문장과 뒷

받침 문장으로 구분해줘"라고 하면 본론의 핵심 문장과 뒷받침 문장을 자세히 제시해줍니다.

'본론의 핵심 문장과 뒷받침 문장'을 알려주는 챗GPT

아래는 위의 글의 본론 부분에서 핵심 문장과 뒷받침 문장으로 구분한 것입니다.

- 핵심 문장: 왜곡의 대표적인 예로는 편견이나 선입견이 있습니다.
- 뒷받침 문장: 편견이란 어떤 사람이나 그룹, 혹은 이야기 등에 대한 선입견으로 인해 사실을 왜곡하는 경향이 있습니다. 이러한 편견은 자신이 가지고 있는 선입견을 끊임없이 반성하고, 다양한 시각을 수용하려는 노력이 필요합니다.
- 핵심 문장: 왜곡이 항상 고의적인 것은 아닙니다. 때로는 무의식적으로 왜곡하는 경우도 있습니다.
- 뒷받침 문장: 이러한 경우에는 자신이 가지고 있는 편견이나 선입견을 인지하고, 그것을 극복하기 위해 노력하는 것이 중요합니다. 이를 통해 더욱 공정하고 올바른 사고 방식을 갖추게 됩니다.
- 핵심 문장: 왜곡을 방지하기 위해서는 항상 비판적인 시각으로 사실을 확인하고, 그것을 충분히 검증하는 것이 필요합니다.
- 뒷받침 문장: 또한, 왜곡이 발생하는 원인을 파악하고, 그에 대한 대처법을 학습하여 미리 예방하는 것도 중요합니다.

위의 본론 부분에서는 세 가지 주요 핵심 문장이 소개되고, 이를 각각 뒷받침하는 추가적인 설명이 제공됩니다. 핵심 문장은 글의 주요 내용을 요약하며, 뒷받침 문장은 핵심 문장을 보다 자세하게 설명하고 예시를 들어서 보다 명확하게 이해할 수 있도록 돕는 역할을 합니다.

또는 이렇게 물어보면 또 다른 형태로 본론의 구조에 대해 알려줍니다. "윗글의 본론에 대해서만 글의 구조에 대해 설명해줘."

그럼, 이제 실제 독해 문제를 만들어볼까요? 어휘력 문제와 마찬가지로 챗GPT는 독해 문제도 만들 수 있는 능력을 갖추고 있는데요, 물론 지문의 수준은 여러분의 생각과는 조금 다를 수 있으니 그 점은 참고하면 좋을 것 같네요.

챗GPT에게 "초등학교 6학년을 대상으로 하는 독해 문제 하나 만들어줘"라고 해봤는데요, 그러자 짧은 지문과 함께 하나의 문제를 만들어줍니다. 지문도 난이도가 낮아 보이죠. 챗GPT는 초등학교 6학년의 수준을 너무 낮게 보고 있는 것 같습니다. 어쩌면 한국 초등학교 6학년의 수준에 대한 이해가 다른 것 같기도 하고요.

 챗GPT가 만든 '초등학교 6학년 대상의 독해 문제'

다음은 초등 6학년 대상의 독해 문제입니다.
[문제] 매일 아침 일어나면 새로운 일들이 우리를 기다리고 있습니다. 아침에 일어나면 무엇부터 시작해야 할까요? 다음 글에서는 하루를 시작할 때 도움이 될 만한 팁들이 나와 있습니다.
[본문] 아침에 일어나면, 먼저 침대에서 일어나서 몸을 움직이는 것이 좋습니다. 머리를 가볍게 흔들거나, 팔 다리를 움직이면서 몸을 충분히 움직이세요. 이렇게 하면 뇌와 몸이 활성화되고, 하루 일정을 시작하기에 좋은 상태가 됩니다. 그리고, 침대를 정리하고, 아침 식사를 챙겨먹는 것도 잊지 마세요. 충분한 영양을 섭취해서 하루 일정을 잘 소화할 수 있도록 해야 합니다.

[문제]

1. 일어난 후 몸을 움직이는 것이 좋은 이유는 무엇인가요?

2. 아침에 먹는 식사는 무엇을 준비해야 할까요?

3. 충분한 영양을 섭취하는 것이 중요한 이유는 무엇인가요?

[정답]

1. 뇌와 몸이 활성화되어 하루 일정을 시작하기에 좋은 상태가 되기 때문입니다.

2. 충분한 영양을 섭취해서 하루 일정을 잘 소화할 수 있도록 해야 하며, 식사에는 곡물, 달걀, 우유, 과일 등이 포함되어야 합니다.

3. 충분한 영양을 섭취하는 것이 건강을 유지하기 위해 중요하기 때문입니다.

학년을 조금 높여볼까요? "중학교 2학년을 대상으로 하는 독해 문제 하나 만들어줘"라고 했을 때는 어떨까요? 내용 자체는 조금 난이도가 높아진 것 같습니다.

 챗GPT가 만든 '중학교 2학년 대상의 독해 문제'

문제: 다음 글의 내용과 일치하지 않는 것을 고르시오.

피부가 예민한 사람들은 화장품 선택에 항상 주의를 기울여야 합니다. 예민한 피부는 각질층이 얇아서 자극을 받을 경우 쉽게 피부가 따가울 수 있습니다. 이러한 경우에는 자극이 적은 화장품을 선택하는 것이 좋습니다. 또한, 화장품의 성분 리스트를 자세히 살펴보면서, 자신에게 알려진 알러지성분이 있는지 확인하는 것이 중요합니다.

1. 피부가 예민한 사람은 자극이 적은 화장품을 선택해야 한다.

2. 각질층이 얇은 사람들은 자극을 받을 경우 쉽게 피부가 따가울 수 있다.
3. 화장품의 성분 리스트를 자세히 살펴봐도 알러지성분을 확인할 수 없다.

정답: 3. 화장품의 성분 리스트를 자세히 살펴봐도 알러지성분을 확인할 수 없다.

마찬가지로 "고등학교 1학년을 대상으로 하는 독해 문제 하나 만들어줘"라고 했는데, 조금 더 그럴듯한 문제가 나오네요.

 챗GPT가 만든 '고등학교 1학년 대상의 독해 문제'

문제: 다음 글의 요지로 가장 적절한 것을 고르시오.

세계 최초의 인공위성인 스푸트니크가 발사된 이래 60년이 지난 현재, 인공위성은 우리 삶의 많은 부분에서 사용되고 있습니다. 인공위성은 군사적인 용도를 비롯하여, GPS 등의 위치정보 제공, 기상예보, 환경 모니터링, 인터넷 및 전화 통신 등 다양한 분야에서 활용됩니다. 인공위성은 우리 삶의 편의성을 높이는 데 큰 역할을 하고 있지만, 그만큼 우리 주변 환경에도 영향을 미치고 있으며, 안전 문제 등도 고려해야 합니다.

1. 인공위성은 우리 삶의 많은 부분에서 사용되고 있다.
2. 인공위성은 군사적인 용도를 제외한 다양한 분야에서 활용될 수 있다.
3. 인공위성은 우리 삶의 편의성을 높이지만, 주변 환경에도 영향을 미치고 있으며, 안전 문제도 고려해야 한다.

정답: 3. 인공위성은 우리 삶의 편의성을 높이지만, 주변 환경에도 영향을 미치고 있으며, 안전 문제도 고려해야 한다.

그러니 챗GPT에게 질문할 때는 일단 여러분의 학년에 맞게 질문을 해본 다음, 수준이 낮다면 학년을 높여서 문제를 만들어봐도 될 것 같습니다. 챗GPT와 이렇게 문제를 만드는 과정 또한 여러분의 현재 수준을 알아볼 수 있는 좋은 기회가 됩니다. 특히 내 수준에 맞는 문제를 만들어 풀어보고 지문 이해도가 높아지면, 이보다 더 난도가 높은 지문을 만들어 또 문제를 풀어볼 수 있을 테니까요.

[국어]
글쓰기: 주제 설정부터
챗GPT 피드백 받기

글쓰기 공부도 챗GPT와 함께 할 수 있는지 궁금할 텐데요, 챗 GPT의 글쓰기 능력은 여러분이 생각하는 것보다 뛰어납니다. 글을 쓰려고 할 때, 어려운 것 중 하나가 '주제'죠. 그때 여러분이 챗 GPT에게 쓸 만한 주제를 물어봐서 해당 주제를 가지고 글쓰기를 연습해볼 수 있습니다.

"초등학생, 중학생, 고등학생이 논술과 관련한 글쓰기를 연습할 수 있는 주제를 알려줘"라고 챗GPT에게 물어봤습니다. 초등학생 대상 주제는 일상에 관련된 내용인 데 반해, 고등학생은 사회 문제에 대한 주제를 알려주네요.

챗GPT가 제시해준 '초중고 학생의 글쓰기 연습 주제'

초등학생: 내가 좋아하는 동물에 대해 쓰기

- 내가 좋아하는 동물은 무엇인가요?
- 언제부터 그 동물을 좋아하게 됐나요?
- 그 동물의 특징이나 특별한 이유가 있나요?
- 그 동물과 함께한 즐거운 추억이나 경험이 있나요?

중학생: 내가 생각하는 가치관에 대해 쓰기

- 가치관이란 무엇인가요?
- 제가 생각하는 가치관이 무엇인가요?
- 제가 이러한 가치관을 가지게 된 이유는 무엇인가요?
- 이 가치관이 제 삶에 어떤 영향을 미치고 있나요?

고등학생: 사회 문제에 대한 나의 생각 쓰기

- 현재 사회에서 가장 큰 문제는 무엇인가요?
- 그 문제가 발생한 이유나 원인은 무엇인가요?
- 이 문제를 해결하기 위해서는 어떤 방법이 필요한가요?
- 나는 이 문제에 대해 어떻게 기여할 수 있을까요?

챗GPT는 글쓰기 주제뿐만 아니라 실제 글쓰기와 관련된 사례도 제시해줍니다. "중학생을 대상으로 한 글쓰기 문제를 알려줘. 모범 답안과 함께"라고 질문을 했습니다. 그랬더니 온라인 강의에 대한 주제와 모범 답안을 함께 제시해줍니다. 만약 여러분이 글을 쓴 후, 내가 쓴 글이 다른 사람과 어떻게 다른지를 보고 싶다면 챗GPT의 모범 답안과 비교해봐도 좋을 것입니다.

챗GPT가 제시해준 '중학생용 글쓰기 문제와 모범 답안'

문제: 최근 들어 온라인 강의가 많이 이루어지고 있습니다. 이에 따라 오 프라인 수업보다는 장소와 시간에 구애받지 않고, 개인의 수업 진도에 맞춰 수업을 들을 수 있다는 장점이 있습니다. 하지만 온라인 강의에서 는 언제든지 수업을 빠져나올 수 있기 때문에, 수업에 대한 집중력과 시 간 관리 능력이 더욱 중요해졌다고 생각합니다. 이에 대해 자신의 생각 을 글로 써보세요.

모범 답안:

최근들어 온라인 강의가 많이 이루어지고 있는데, 이로 인해 개인의 수 업 진도에 맞춰 수업을 들을 수 있다는 큰 장점이 있습니다. 하지만 오프 라인 수업과는 달리 수업 중간에 언제든지 빠져나올 수 있기 때문에, 수 업에 대한 집중력과 시간 관리 능력이 더욱 중요해진 것 같습니다.

나는 온라인 강의를 듣는데 있어서 자신의 수업 진도에 맞춰 수업을 들 을 수 있다는 점이 큰 장점이라고 생각한다. 또한, 학교에 출석하지 않아 도 되기 때문에 교통 시간을 절약할 수 있고, 실시간으로 질문을 하거나 수업 내용을 녹화해둘 수도 있다는 점도 매우 편리하다. 그러나 수업 중 간에 언제든지 빠져나올 수 있기 때문에, 수업에 집중할 필요성이 더욱 높아진 것 같다. 또한, 시간 관리 능력도 더욱 중요하게 느껴진다. 온라인 강의에서는 수업을 마치고 나서도 개인적인 시간이 많이 소요되기 때문 에, 학생 스스로 자신의 시간을 계획하고 관리하는 능력이 필요하다. 그 러므로, 온라인 강의를 듣는데 있어서는 수업에 대한 집중력과 시간 관 리 능력이 중요하다고 생각한다. 수업을 잘 따라가기 위해서는 학생 스 스로 노력하고, 자신만의 시간 관리 방법을 갖춰야 한다.

동일한 질문을 대상만 바꿔서도 해봤습니다. "초등학교 5학년을 대상으로 한 글쓰기 문제를 모범 답안과 함께 알려줘." 과연 어떤 결과가 나왔을까요? 마법사와 관련된 주제가 나왔네요. 초등학생 이라면 한 번쯤 접해봤을 주제죠.

 챗GPT가 제시해준 '초등학교 5학년용 글쓰기 문제와 모범 답안'

문제: 만약 내가 마법사라면 어떤 마법을 부릴 수 있을까요? 그 이유와 함께 글로 써보세요.

모범 답안:
저는 만약 마법사가 된다면, 시간을 되돌리는 마법을 부리고 싶어요. 왜 냐하면, 저는 지금의 제가 만족스럽지 않아요. 제가 할 일들을 제때 하지 못했거나, 좀 더 열심히 하지 못했던 일들이 많아서요. 그래서 제가 지금 까지 한 일들을 돌아본다면, 제가 더 좋은 선택을 할 수 있었을 거라고 생각해요.
하지만 지금은 이미 지나간 일들이기 때문에, 그것들을 다시 해볼 수는 없어요. 그래서 시간을 되돌릴 수 있다면, 그때그때 더 나은 선택을 할 수 있고, 이전에는 하지 못했던 일들을 할 수 있어요.
그리고, 시간을 되돌린다면, 잘못한 일들도 다시 고칠 수 있어요. 때로 는 우리는 다른 사람을 상처주는 말이나 행동을 하기도 해요. 하지만, 시 간을 되돌린다면 그것들을 되돌려서 다시 한번 생각해보고, 이전에는 더 좋은 선택을 할 수 있도록 노력할 수 있을 거에요.
그러니까, 시간을 되돌릴 수 있는 마법이 있다면, 제가 좀 더 나은 선택 을 할 수 있도록 도와주고, 지금까지의 잘못된 선택을 다시 고칠 수 있도 록 도와줄 거에요.

챗GPT는 실제 여러분이 쓴 글을 더 멋지게 바꿔줄 수도 있고, 피드백도 해줍니다. 챗GPT가 쓴 '마법사에 대한 글'에 대해 "나는 초등학교 5학년인데, 다음은 내가 쓴 글이야. 이 글을 조금 더 멋지게 바꿔줘"라고 했습니다. 과연 어떻게 바뀌었을까요? 아직은 한국어가 서툰 느낌이지만 그래도 앞선 글보다는 짜임새가 생긴 것 같죠? 어떻게 보면 조금 더 성숙한 학생이 쓴 느낌의 글로 바뀐 것 같습니다.

 챗GPT가 조금 더 멋지게 바꿔준 글

> 만약 저가 마법사가 된다면, 시간을 되돌리는 마법을 부리고 싶습니다. 지금까지 한 일들을 되돌아보면, 놓친 기회와 후회스러운 선택이 많았습니다. 그래서 과거를 다시 한 번 살펴보며, 더 나은 선택을 할 수 있었을 거라는 생각이 듭니다.
>
> 하지만 지난 일을 다시 바꿀 수는 없습니다. 그래서 시간을 되돌릴 수 있다면, 이전에는 놓친 기회를 잡고, 열심히 하지 못한 것을 다시 해보고 싶습니다. 또한, 잘못한 일들도 되돌려서 다시 한 번 생각하고, 더 좋은 선택을 할 수 있도록 노력하고 싶습니다.
>
> 그리고, 나 자신 뿐만 아니라 다른 사람들에게도 상처를 주는 말이나 행동을 할 때가 있습니다. 그러나 시간을 되돌릴 수 있다면, 그것들을 다시 생각하며, 고칠 수 있는 기회를 잡고 싶습니다.
>
> 시간을 되돌릴 수 있는 마법이 있다면, 더 나은 선택을 할 수 있도록 도와주고, 잘못된 선택을 고칠 수 있도록 도와줄 것입니다. 과거의 후회와 미래의 성장을 위해, 그런 마법이 있다면 부디 부릴 수 있으면 좋겠습니다.

챗GPT와 함께 공부하기

이번에는 초등학생이 실제로 쓴 독후감에 대해 챗GPT가 어떻게 이야기하는지 알아볼게요.

▶ 초등학교 아이가 실제로 쓴 독후감

이 이야기는 김시우라는 아이가 침묵 시간을 갖게 된 이야기다. 선생님은 말하는 사람이 침묵시간을 갖게 되고, 침묵 아이랑 말하는 아이도 침묵 아이가 된다고 했다.

시우는 쉬가 너무 급해서 일어났다. 시우가 화장실에 들어갈 때 서준하가 시우를 문으로 때리고 시우랑 얘기했다. 서준하는 시우가 말했다고 선생님한테 말했다.

시우는 선생님에게 준하도 저랑 얘기했다고 선생님에게 쪽지를 썼다. 그러자 선생님은 서준하 나오라고 해노고 준하에게 "침묵시간" 말했다.

만약에 내가 침묵시간을 갖게 되면 피곤하겠다. 왜냐하면 침묵시간에는 말하지 안으면 점점 피곤하고 기다리는 것도 심심하기 때문이다.

몇몇 문장은 일부러 맞춤법에 맞지 않게 썼는데요, 챗GPT에게 "다음 글에 대해 문법적으로 틀린 부분을 찾아서 수정해줘"라고 요청했습니다.

그 결과 챗GPT는 다음과 같이 내용을 수정해줬습니다. 기본적으로 자연스럽지 않은 문장을 바꿔줬는데요, 게다가 큰 따옴표도 넣어줬습니다.

챗GPT가 틀린 부분을 찾아서 수정해준 독후감

이 이야기는 김시우라는 아이가 침묵 시간을 갖게 된 이야기다. 선생님은 말하는 사람이 침묵시간을 갖게 되면, 말하지 않는 아이도 침묵 아이가 된다고 했다. 시우는 쉬가 너무 급해서 일어났다. 시우가 화장실에 들어갈 때 서준하가 시우를 문으로 때리고 시우랑 얘기했다. 서준하는 시우가 말했다고 선생님한테 말했다. 시우는 선생님에게 "준하도 저랑 얘기했다"고 쪽지를 썼다. 그러자 선생님은 "서준하 나와"라고 하고, 준하에게 "침묵시간을 지켜야 한다"고 말했다. 만약에 내가 침묵시간을 갖게 되면 피곤할 것 같다. 왜냐하면 침묵시간에는 말하지 않으면 점점 피로해지고, 기다리는 것도 심심하기 때문이다.

이어서 "어떤 부분이 문법적으로 틀렸는지 구체적으로 하나씩 설명해줘"라고 질문했더니 다음과 같이 제시해줍니다. 대부분은 잘 수정해줬는데 아직 한국어에 익숙하지 않은지, '쉬(어린아이의 말로, 오줌이나 오줌을 누는 일을 이르는 말)'라는 단어는 맥락을 이해하지 못하고 잘못된 내용을 알려주네요. 그래도 전체적으로 훌륭한 것 같습니다.

 틀린 부분들에 대한 해설까지 해준 챗GPT의 답변

1. "침묵 아이랑": "랑"은 구어체에서 사용되는 표현으로, 문어체에서는 "와"를 사용해야 합니다. 따라서 "침묵 아이와"로 수정해야 합니다.

챗GPT와 함께 공부하기

2. "시우는 쉬가": "쉬가"는 "쉬기가"의 준말로, 문법적으로 정확하지 않습니다. "쉬기가" 대신 "쉬는 게" 또는 "쉬는 것이"로 수정해야 합니다.

3. "서준하가 시우를 문으로 때리고 사우랑 얘기했다": "사우랑"은 "그리고"를 의미하는 "그리고 함께"의 준말로, 문법적으로 적절하지 않습니다. "서준하가 시우를 문으로 때리고 얘기했다"로 수정해야 합니다.

4. "시우가 말했다고 선생님한테 말했다": "선생님한테"는 문법적으로 정확한 표현이 아닙니다. "선생님께"로 수정해야 합니다.

5. "침묵시간": "침묵시간"은 합성어이며, 띄어쓰기를 해야 합니다. "침묵 시간"으로 수정해야 합니다.

6. "말하지 안 으면": "안"과 "으"는 축약형으로 쓰이는 표현으로, 문법적으로 올바르지 않습니다. "말하지 않으면"으로 수정해야 합니다.

7. "점점 피곤하고 기다리는 것도 심심하기 때문이다.": 이 문장에서는 "말하지 않으면"이나 "침묵 시간"과 연관성이 부족합니다. 이에 따라 문장을 수정하면 "만약에 나도 침묵 시간을 갖게 된다면, 말하지 않으면 점점 피로해지고, 그 외에도 기다리는 것이 심심할 것 같습니다."와 같이 바꿔쓰는 것이 좋습니다.

초등학생이 쓴 글을 "좀 더 자연스럽게 만들어줘"라고 요청하면, 다음처럼 전체적으로 글의 흐름뿐만 아니라 문장 구조도 자연스럽게 수정해줍니다.

챗GPT가 자연스럽게 수정까지 해준 글

아래는 보다 자연스러운 표현으로 수정한 글입니다.

이 이야기는 김시우라는 아이가 침묵 시간을 갖게 된 이야기입니다. 선생님은 말하는 사람이 침묵시간을 갖게 되면, 말하지 않는 아이도 자연스럽게 침묵하게 된다고 설명했습니다.
어느 날, 시우는 쉬기가 급해서 일어나서 화장실로 갔습니다. 그때, 시우를 문으로 때리며 서준하가 다가와 함께 얘기를 나누었습니다. 그 이야기를 선생님께 전하니, 시우는 준하와 함께 이야기를 나눴다는 쪽지를 선생님께 보냈습니다.
선생님은 준하를 불러내어 침묵 시간을 지켜야 한다고 이야기했습니다. 만약 내가 침묵 시간을 갖게 된다면, 말하지 않으면 점점 지치고, 그 외에도 기다리는 것이 지루할 것 같습니다.

마찬가지로 "어떤 부분을 자연스럽게 만들었는지 구체적으로 설명해줘"라고 요청하면, 원문에서 어떤 내용이 달라졌는지 알려주죠. 왜 그렇게 바꿨는지와 함께요.

 수정한 부분들에 대한 해설까지 해준 챗GPT의 답변

제가 수정한 부분들은 다음과 같습니다.
  1. "침묵 아이랑"을 "침묵 아이와"로 수정하였습니다. "와"는 문어체에서 일반적으로 사용되는 표현으로, 보다 자연스러운 문장으로 만들어줍니다.

2. "시우는 쉬가"를 "쉬는 게" 또는 "쉬는 것이"로 수정하였습니다. "쉬기가"는 축약형이기 때문에 문법적으로 정확하지 않습니다.

3. "서준하가 시우를 문으로 때리고 사우랑 얘기했다"를 "서준하가 시우를 문으로 때리며 함께 이야기를 나누었다"로 수정하였습니다. "사우랑"은 구어체에서 일반적으로 사용되는 표현으로, 덜 형식적인 문장을 만들어주기 때문에 수정하였습니다.

4. "시우가 말했다고 선생님한테 말했다"를 "시우는 쪽지를 써서 선생님께 알렸다"로 수정하였습니다. "한테"는 구어체에서 일반적으로 사용되는 표현이기 때문에, 보다 형식적인 표현으로 수정하였습니다.

5. "침묵시간"을 "침묵 시간"으로 수정하였습니다. "침묵시간"은 합성어로 띄어쓰기가 필요합니다.

6. "말하지 안 으면"을 "말하지 않으면"으로 수정하였습니다. "안"과 "으"는 축약형으로 쓰이는 표현이기 때문에, 문법적으로 정확하지 않습니다.

7. 마지막 문장에서 "점점 피곤하고 기다리는 것도 심심하기 때문이다."를 "말하지 않으면 점점 지치고, 그 외에도 기다리는 것이 지루할 것 같습니다."로 수정하였습니다. 이에 따라, 문장 구성이 보다 자연스러워졌습니다.

챗GPT는 아직 한국어를 다루는 데 완벽하지 않지만, 그래도 초중고 학생의 글 첨삭을 요청할 정도는 되는 것 같습니다. 특히 지금처럼 문해력이 떨어지는 시기에는 챗GPT를 활용해 영어만큼은 아니지만 한국어 글쓰기 공부도 어느 정도는 가능한 것 같네요.

[국어]
토론: 주제 설정해
실제 토론 방법 파악하기

이번에는 챗GPT를 활용한 토론 방법에 대해 알아보겠습니다. 일
단 챗GPT가 토론에 대해 어떻게 생각하는지 알아봐야겠죠. 그래
서 챗GPT에게 "토론을 잘하는 방법과 사례를 알려줘"라고 물어
봤습니다. 챗GPT의 태생이 미국이니 토론이라는 단어를 잘 알고
있는지 확인도 해볼 겸요.

　답변을 보니, 챗GPT가 토론의 개념을 잘 알고 있는 것 같습니
다. 기본적으로 토론을 잘하는 방법에 대해서도 주제 파악과 사전
준비, 목표 설정과 입장 선언, 청중의 의견 경청과 존중 등을 제시
해준 걸 보면요.

토론은 서로 다른 의견을 가진 사람들이 모여서 특정한 주제에 대해 논의하는 과정을 말합니다. 다른 사람의 의견을 경청하고 존중하는 것은 물론, 자신의 의견을 체계적으로 전달하는 것도 중요합니다. 아래는 토론을 잘하는 방법과 그에 대한 사례입니다.

1. 주제 파악과 사전 준비
- 주제에 대한 충분한 지식을 갖추고, 주제와 관련된 자료나 논리적인 근거를 사전에 준비합니다.
- 예시: "온라인 쇼핑은 오프라인 쇼핑보다 좋다"라는 주제에 대해, 인터넷에서 관련 자료를 검색하고 자신의 생각을 정리해둡니다.

2. 목표 설정과 입장 선언
- 자신이 주장하는 입장과 목표를 설정하고, 이를 다른 사람들과 공유합니다.
- 예시: "저는 온라인 쇼핑이 오프라인 쇼핑보다 더 편리하다는 입장을 가지고, 이번 토론에서는 이를 논증하려고 합니다."

3. 청중의 의견 경청과 존중
- 다른 사람의 의견을 청취하고 경청하며, 이에 대한 존중을 표합니다.
- 예시: "B씨께서는 오프라인 쇼핑이 더 편리하다고 말씀하셨는데, 그 이유를 자세히 들어볼 수 있을까요?"

4. 논리적이고 명확한 의견 표현
- 자신의 의견을 논리적으로 전개하고, 명확하고 쉽게 이해할 수 있는 방식으로 표현합니다.
- 예시: "제가 생각하기에는 온라인 쇼핑은 편리하다는 장점이 크고, 오프라인 쇼핑보다 더 많은 상품을 구매할 수 있으며 가격도 더 저렴합니다."

5. 대화를 이끌어 나가는 역할
- 대화가 주제에서 벗어나거나 의견 충돌이 일어날 경우, 대화를 이끌어 나가는 역할을 수행합니다.
- 예시: "우리는 온라인 쇼핑과 오프라인 쇼핑 중 어느 쪽이 더 나은가에 대해 논의 중이었는데, 각자가 가지고 있는 데이터나 경험 등을 공유해보면서 서로에게 존중을 보여주면 좋을 것 같습니다."

6. 결론 도출과 평가
- 토론이 끝나면, 결론을 도출하고 각자의 의견을 평가하며, 다음 단계로 나아갈 방향을 제시합니다.
- 예시: "우리가 이번 토론에서는 온라인 쇼핑이 더 좋다는 입장을 주장했지만, 여전히 오프라인 쇼핑의 장점도 많습니다. 이에 대해 다시 한번 고민해보고, 다음 주제에 대해 논의해보면 좋을 것 같습니다."

챗GPT와 어떻게 공부를 할 수 있을까요? 토론을 잘하려면 실제 주장과 근거를 가진 글을 많이 봐야겠죠. 그래서 챗GPT에게 "어떤 주장에 대해 3가지의 근거를 들어 설명하는 글을 2개 보여줘"라고 질문해봤습니다.

 '3가지 근거를 들어 주장하는 글'을 써준 챗GPT

예시 1: "책 읽는 것이 좋은 이유"
1. 지식과 정보 습득: 책은 다양한 분야의 지식과 정보를 제공해준다. 예를 들어, 역사, 문학, 과학 등 다양한 분야의 책을 읽으면

그 분야에 대한 지식과 정보를 습득할 수 있다.

2. 상상력과 창의력 발달: 책은 상상력과 창의력을 발달시키는데 큰 역할을 한다. 소설이나 판타지 책을 읽으면 상상력을 자극하고, 문학작품에서는 작가의 창의력이 돋보인다.

3. 스트레스 해소: 책 읽는 것은 스트레스 해소에 효과적이다. 힘든 일상에서 책을 읽으면 마음을 안정시키고, 힐링 효과를 줄 수 있다.

예시 2: "SNS의 부정적인 영향"

1. 삶의 질 저하: SNS는 무한정 사용하면 삶의 질을 저하시킨다. 시간과 정신적 에너지를 많이 소비하기 때문에 실제로는 삶의 만족도를 낮추는 요인이 될 수 있다.

2. 비현실적인 미화: SNS에서는 자신의 이상적인 모습을 보여주기 때문에, 타인과 비교할 때 현실과는 다른 비현실적인 미화를 보여줄 수 있다. 이러한 현상은 인간관계에 영향을 줄 수 있고, 자아 존중감 저하와 자신과 타인에 대한 부정적인 인식을 가져올 수 있다.

3. 사생활 침해: SNS에서는 개인정보가 쉽게 유출될 수 있기 때문에, 사생활 침해와 같은 부정적인 영향도 나타난다. 개인정보 유출은 불안감을 유발하고, 사생활 침해로 인해 정서적 스트레스를 느끼는 경우도 있다.

책 읽는 것이 좋은 이유와 SNS의 부정적인 영향에 대해 질문한 것처럼 각각 3가지의 근거를 제시해줬습니다. 여러분은 이런 주제가 있다고 했을 때 어떤 근거를 제시할 것인가요? 스스로 근거를 찾아본 후 챗GPT와 비교해보면 좋겠죠. 만약 조금 더 다양한 근거를 찾고 싶다면, 챗GPT에게 "각 주제에 대한 조금 더 많은 근거를 알려줘"라고 하면 됩니다. 챗GPT는 언제든지 질문에 친절히 답변해주니까요.

앞서 본 답변들로도 아직 토론하는 법에 대한 내용이 잘 이해되지 않는다면, 챗GPT에게 실제 토론하는 모습을 보여달라고 하면 됩니다. "초등 고학년이 할 수 있는 토론 주제를 가지고 2명의 친구가 대화하는 모습을 보여줘"라고 하면, 짧지만 친구들 간의 대화하는 모습을 보여줍니다.

 '초등학생 2명의 실제 토론 예시'를 보여주는 챗GPT

토론 주제: 운동이 중요한 이유에 대해 논해보자

[두 친구가 학교 뒷마당에서 만난다]

A: 안녕! 오늘 기분은 어때?

B: 안녕! 나쁘지 않아. 그런데, 우리가 얘기해볼 주제가 있어.

A: 진짜? 뭔데?

B: 운동이 중요한 이유에 대해서 논해보자. 너는 어떻게 생각해?

A: 음...운동은 건강에 좋다고는 들어봤는데, 그게 왜 그렇게 중요한지는 잘 몰라.

B: 나는 운동이 중요한 이유가 몇 가지 있어. 첫째는, 운동을 하면 몸이 건강해지기 때문이야. 예를 들면, 하루 종일 책상에 앉아서 공부하는 것보다 운동을 하면 몸이 좀 더 활발해지고, 면역력도 더 좋아진다고 해.

A: 그래? 그러면 운동을 하면 감기도 덜 걸리겠네.

B: 그렇지! 둘째로, 운동을 하면 스트레스도 줄어들어. 너도 종종 스트레

스를 느끼지 않아?

A: 그럴 때도 있지. 하지만 운동을 하면 그 스트레스도 좀 덜 느끼겠다는 말이야?

B: 맞아. 운동을 하면 호르몬 분비가 좋아져서 스트레스를 덜 느끼게 될 거야. 세번째로, 운동은 우리가 자신감을 갖도록 도와준다고 해. 운동을 하면 몸매도 좋아지고, 무엇보다도 자신감이 더 생긴다고 해.

A: 그러면 운동을 해야겠다. 나도 이제부터 운동을 조금 더 해봐야겠다.

B: 그래! 운동하면 좋은 것만 있으니까, 앞으로 우리도 운동하면서 건강한 삶을 살자!

앞선 주제보다 더 수준이 높은 토론 내용을 보고 싶다면, 학년을 올려보면 되겠죠, "중학생이 할 수 있는 토론 주제를 가지고 2명의 친구가 대화하는 모습을 보여줘"라고 말이죠.

 '중학생 2명의 실제 토론 예시'를 보여주는 챗GPT

토론 주제: 학교 교복을 폐지할까요?

[두 친구가 카페에서 만난다]

A: 안녕, B야! 어떤 일 있었어?

B: 안녕,

A: 요즘 학교 교복 문제가 떠들썩하더라.

A: 정말? 어떤 문제가 있었어?

B: 교육부에서 학교 교복을 폐지할까 고민 중이래. 이번에는 정말로 폐지될 수도 있다고 해.

A: 음...그렇게 된다면 어떻게 될까?

B: 그게 문제야. 한쪽에서는 교복을 폐지해도 학생들의 개성을 존중하고 더 많은 자유로움을 줄 수 있다고 주장하고, 다른 쪽에서는 교복이 없어지면 학생들이 유행에 따라 의상을 선택하면서 금전적인 차이로 인한 차별이 생길 수도 있다고 반대하고 있어.

A: 그래. 나도 양쪽 모두에게 이해할 수 있는 결론이 필요하다고 생각해.

B: 맞아. 내 생각에는 교복이 있다면 학생들이 서로 구분이 잘 되어서 학교 내 분위기가 안정적으로 유지될 수 있다는 장점도 있지만, 다른 측면에서는 학생들이 더 많은 선택을 할 수 있다는 측면도 고려해봐야겠다.

A: 내 생각에는 교복이 없어진다면 학생들이 각자 다른 옷을 입기 때문에 사교육비가 더 들어가게 될 것 같아. 그리고 무엇보다도, 교복이 있다면 학생들이 의상에 대해서 신경을 덜 쓰고 공부에 더 집중할 수 있다고 생각해.

B: 그래. 그렇다면 학생들이 개성적인 옷을 입을 수 있는 날이나 기회를 마련해주면서도 교복이 있다면 좋은 분위기와 안정성을 유지할 수 있지 않을까?

A: 음...그건 좋은 생각인 것 같아! 우리 학교에서도 그렇게 해주면 좋겠다.

B: 맞아! 학교에서 다양한 분위기를 만들어가면서, 더 나은 학교생활을 즐길 수 있도록 노력하자!

이처럼 챗GPT는 여러분이 원하는 걸 가능한 한 다 해줄 수 있는 능력을 갖췄습니다. '나만의 선생님'이라고 할 수 있죠. 누군가와 같이 공부하는 게 쑥스러운 친구 같은 경우, 챗GPT와 대화하면서 토론 공부를 해볼 수도 있지 않을까요? 챗GPT는 꽤 똑똑한 AI이니 말이죠. 그러니 다양한 방법으로 챗GPT를 이용해보고 질문도 해보세요.

Chat GPT

[영어]
챗GPT가 말하는
영어 공부 잘하는 방법

지금부터는 챗GPT와 영어 공부를 해볼 것입니다. 우선 챗GPT가 영어 공부에 대해 어떤 생각을 하고 있는지부터 알아보는 게 중요하겠죠.

챗GPT에게 "어떻게 하면 영어 공부를 잘할 수 있을까?"라고 질문했습니다. 그러자 몇 가지 방법을 알려주는데, '매일 영어 공부하기' '언어 환경에 노출되기' '단어장 만들기' '말하기 연습' '문장 구조와 문법 학습' '독해 연습' '학습 파트너 찾기' 등이 있네요. 특히 학습 파트너 찾기는 마땅히 영어 공부를 같이 할 만한 친구가 없을 때 챗GPT만이 해줄 수 있는 공부 방법입니다.

'영어 공부 잘하는 법'에 대한 챗GPT의 답변

영어 공부를 잘하기 위해서는 다음과 같은 방법을 추천합니다:

1. 매일 영어 공부하기: 영어 단어 외우기, 문법 학습, 리스닝 연습, 스피킹 연습 등을 매일 꾸준히 하는 것이 중요합니다.

2. 언어 환경에 노출되기: 영어 TV 프로그램, 영화, 뉴스, 유튜브 등을 보고 듣는 것이 도움이 됩니다. 또한, 영어권 나라에서 해외 유학이나 어학연수를 하는 것도 좋은 방법입니다.

3. 단어장 만들기: 어려운 단어나 자주 사용되는 표현을 메모장이나 단어장에 정리하고 외우는 것이 도움이 됩니다. 단어장 앱을 사용하면 편리합니다.

4. 말하기 연습: 영어 스피킹 연습을 위해서는 말하기 연습을 꾸준히 해야 합니다. 자신이 관심 있는 주제로 녹음을 하거나, 영어 채팅 프로그램을 이용하여 다른 사람과 대화를 나누는 것도 좋은 방법입니다.

5. 문장 구조와 문법 학습: 영어 문장 구조와 문법을 학습하여 문법적인 실수를 줄이고, 올바른 문장을 구사하는 것이 중요합니다. 문법 교재나 영어 학습 앱 등을 이용하여 학습할 수 있습니다.

6. 독해 연습: 영어 독해 연습을 통해 영어 글쓰기와 대화에 필요한 어휘와 표현을 습득할 수 있습니다. 다양한 주제의 영어 독해 연습문제나 영어 신문, 매거진 등을 활용하여 학습할 수 있습니다.

7. 학습 파트너 찾기: 영어 학습을 함께할 수 있는 파트너를 찾아 함께 대화하거나 스터디를 구성하는 것도 좋은 방법입니다. 함께 하면 동기부여도 높아지고, 서로의 발음, 억양, 문법 등을 피드백 받을 수 있습니다.

여러분도 알고 있겠지만, 언어 공부는 특별한 방법이 있지 않죠. 언어 환경에 자주 노출되어야 하고 꾸준히 읽고, 쓰고, 말하는 게 중요합니다. 제2외국어이기 때문에 해당 언어를 사용하는 외국인 친구가 있으면 더 좋겠죠. 사실 영어도 국어와 크게 다르지 않습니다. 다만 국어는 모국어이기 때문에 챗GPT가 말한 것처럼 항상 언어 환경에 노출되어 있다는 점이 다를 뿐이죠.

이런 면에서 영어 공부는 어느 정도 동기부여도 필요합니다. 예를 들어, 여러분이 좋아하는 외국 배우의 영화를 더빙이 아닌 영어로 보고 싶다든지, 몇 년 후에는 꼭 가보고 싶은 국가에서 자유롭게 영어로 소통하면서 지내보고 싶다는 꿈 등이요. 이런 영어 공부의 목표가 있다면 충분한 동기부여가 되겠죠. 혹은 자연스럽게 외국 가수의 노래를 들으면서 영어 공부에 대한 동기부여가 이루어질 수도 있습니다.

이런 목표가 설정되면 학교 성적을 위한 영어 공부가 아닌 진짜 자신을 위한 영어 공부가 이루어지죠. 누군가가 시켜서 하는 공부가 아닌 스스로 하는 공부가 되는 것입니다. 그렇게 며칠, 몇 개월, 몇 년을 공부하다 보면 영어 공부 습관이 만들어지지 않을까요?

챗GPT를 활용해 영어 공부를 하려면 어떻게 해야 할까요? "챗GPT를 초중등 영어 공부에 활용할 수 있는 다양한 아이디어를 알려줘"라고 챗GPT에게 물어봤더니, 너무나도 많은 방법을 제시해 줍니다.

'챗GPT로 영어 공부하는 아이디어'에 대한 챗GPT의 답변

1. 영어 단어 학습: 챗GPT는 많은 언어를 이해하고 학습하였기 때문에, 영어 단어를 학습하는 데에 유용합니다. 예를 들어, "apple"이라는 단어를 입력하면 챗GPT는 apple의 뜻과 사용 예시를 제공할 수 있습니다.

2. 영어 독해 연습: 챗GPT는 주어진 영어 문장을 이해하고 분석할 수 있습니다. 따라서 학생들은 챗GPT에게 영어 문장을 입력하고, 문장의 의미와 주요 아이디어를 이해하는 연습을 할 수 있습니다.

3. 영어 작문 지원: 챗GPT는 영어 글쓰기에 필요한 문법과 어휘 등을 이해하고, 다양한 글쓰기 도구를 제공할 수 있습니다. 예를 들어, 학생들은 챗GPT에게 영어 글쓰기 과제를 입력하고, 문장 구조, 문법, 어휘 사용 등에 대한 피드백을 받을 수 있습니다.

4. 영어 문장 생성: 학생들은 챗GPT와 함께 영어 문장 생성 연습을 할 수 있습니다. 예를 들어, 학생들은 챗GPT에게 특정 주제에 대한 영어 문장을 요청하고, 챗GPT는 다양한 영어 문장을 제시할 수 있습니다.

5. 영어 단어 게임: 학생들은 챗GPT와 함께 영어 단어 게임을 할 수 있습니다. 예를 들어, 학생들은 챗GPT에게 영어 단어를 입력하고, 챗GPT는 그 단어와 관련된 단어를 제시할 수 있습니다.

6. 영어 문장 완성: 학생들은 챗GPT에게 시작 영어 문장을 제공하고, 챗GPT가 그 문장을 완성하도록 요청할 수 있습니다. 이를 통해 학생들은 문장 구조와 문법 등을 더 잘 이해하고 연습할 수 있습니다.

7. 영어 문장 해석: 학생들은 챗GPT에게 어려운 영어 문장을 입력하고, 그 문장의 의미와 구조에 대한 해석을 요청할 수 있습니다. 챗GPT는 해당 문장을 분석하고, 학생들이 이해하기 쉽도록 설명해 줄 수 있습니다.

8. 영어 단어 발음: 학생들은 챗GPT를 사용하여 영어 단어의 발음을 연습할 수 있습니다. 예를 들어, 학생들은 챗GPT에게 특정 영어 단어의 발음을 입력하고, 챗GPT는 그 단어의 발음과 뜻을 제공해 줄 수 있습니다.

9. 영어 발음 연습: 학생들은 챗GPT와 함께 영어 발음 연습을 할 수 있습니다. 예를 들어, 학생들은 챗GPT가 제시하는 단어나 문장을 반복하면서 발음을 연습할 수 있습니다.

10. 영어 문법 규칙: 학생들은 챗GPT와 함께 영어 문법 규칙을 학습할 수 있습니다. 예를 들어, 학생들은 챗GPT에게 특정 문법 규칙에 대해 질문하고, 챗GPT는 그 규칙에 대한 설명과 예시를 제공해 줄 수 있습니다.

11. 영어 회화 연습: 학생들은 챗GPT와 함께 영어 회화 연습을 할 수 있습니다. 예를 들어, 학생들은 챗GPT와 대화를 하면서 영어 발음, 어휘, 문법 등을 연습할 수 있습니다.

12. 영어 단어 시험: 학생들은 챗GPT와 함께 영어 단어 시험을 볼 수 있습니다. 예를 들어, 학생들은 챗GPT에게 영어 단어를 입력하고, 챗GPT는 그 단어의 뜻을 제시하면서 단어 시험을 볼 수 있습니다.

13. 영어 동사 활용: 학생들은 챗GPT와 함께 영어 동사 활용 연습을 할 수 있습니다. 예를 들어, 학생들은 챗GPT에게 특정 동사의 과거형, 분사형 등을 요청하고, 그 활용 방법을 연습할 수 있습니다.

14. 영어 문장 구성: 학생들은 챗GPT와 함께 영어 문장 구성 연습을 할 수 있습니다. 예를 들어, 학생들은 챗GPT에게 특정 주어와 동사를 입력하면, 그에 맞는 올바른 문장을 구성하는 방법과 예시를 요청할 수 있습니다.

15. 영어 어휘 확장: 학생들은 챗GPT와 함께 영어 어휘 확장을 할 수 있습니다. 예를 들어, 학생들은 챗GPT에게 특정 주제나 관심사에 대한 영어 단어나 표현을 요청하고, 챗GPT는 다양한 유용한 영어 단어와 표현을 제공해 줄 수 있습니다.

16. 영어 발음 교정: 학생들은 챗GPT와 함께 영어 발음 교정을 할 수 있습니다. 예를 들어, 학생들은 챗GPT에게 특정 영어 단어나 문장을 발음하면서, 발음 교정을 요청할 수 있습니다.

17. 영어 표현 연습: 학생들은 챗GPT와 함께 영어 표현 연습을 할 수 있습니다. 예를 들어, 학생들은 챗GPT에게 특정 상황에서 사용할 수 있는 영어 표현을 요청하고, 챗GPT는 다양한 상황과 관련된 유용한 영어 표현을 제공해 줄 수 있습니다.

18. 영어 문장 표현: 학생들은 챗GPT와 함께 영어 문장 표현 연습을 할 수 있습니다. 예를 들어, 학생들은 챗GPT에게 특정 주제에 대한 영어 문장을 요청하고, 챗GPT는 그 주제와 관련된 다양한 문장을 제공해 줄 수 있습니다.

19. 영어 단어의 뜻 확장: 학생들은 챗GPT를 사용하여 영어 단어의 뜻을 확장할 수 있습니다. 예를 들어, 학생들은 챗GPT에게 특정 영어 단어를 입력하면, 그 단어와 관련된 다양한 뜻과 사용 예시를 제공받을 수 있습니다.

20. 영어 문장의 구조: 학생들은 챗GPT와 함께 영어 문장의 구조를 학습할 수 있습니다. 예를 들어, 학생들은 챗GPT에게 특정 영어 문장을 입력하면, 그 문장의 구조와 문법 규칙을 이해할 수 있습니다.

Chat GPT

[영어]
단어: 단어의 뉘앙스 파악하고
예문 만들기

챗GPT는 챗GPT와 할 수 있는 영어 공부법으로 영단어 학습을 말했는데요, 여러분이 가장 많이 사용하는 see라는 단어를 가지고 한번 이야기해볼까요?

단어 공부를 한다면, see라는 단어의 뜻과 예문이 필요합니다. 이와 함께 유의어, 동의어, 반의어도 같이 알아보면 좋겠죠.

챗GPT와 대화할 때는 너무 많은 정보를 알려주면 답변이 짧아지는데, 지금 우리는 구체적인 답변은 필요가 없어 한 번에 다 질문을 해볼게요. 챗GPT에게 "see의 뜻과 예문, 동의어, 유의어, 반의어를 알려줘"라고 해봤습니다.

그러자 챗GPT가 see의 뜻을 '보다, 이해하다, 인지하다'라고 제시하면서 관련 예문 3가지를 제시해주네요. 동의어, 유의어, 반의어와 관련해서도 예문을 제시해줬습니다.

 'see의 뜻과 예문, 동의어, 유의어, 반의어'에 대한 챗GPT의 답변

단어 "see"는 다음과 같은 뜻을 가지고 있습니다.

1. (시각적으로) 보다
2. (경험, 감정 등을) 이해하다
3. (상황, 문제 등을) 인지하다

"see"의 예문은 다음과 같습니다.

- I can see the mountains from my window. (나는 내 창문으로 산을 볼 수 있어.)
- I see what you mean. (네가 무슨 말을 하는지 이해해.)
- I see that there's a problem with this plan. (이 계획에 문제가 있는 것 같아.)

"see"의 동의어로는 "observe", "watch", "perceive" 등이 있습니다. 반면에 "see"의 유의어로는 "view", "glimpse", "catch sight of" 등이 있습니다. "see"의 반의어는 "miss"나 "overlook"와 같은 단어들입니다.

예시:

- She missed the opportunity to see the concert.
  (그녀는 콘서트를 보지 못했다.)
- I overlooked the small details in my work.
  (나는 일에서 작은 세부사항을 놓쳤다.)

여러분이 see의 뜻을 조금 더 구체적으로 알고 싶을 수도 있겠죠. "see의 뜻 중 인지하다에 대해 내가 중학생이라고 생각하고 설명해줘"라고 해봤는데요, 챗GPT의 답변을 보니 '인지하다'에 대해서 자세히 알려줍니다.

 'see가 인지하다로 쓰일 때'에 대한 챗GPT의 중학생용 답변

> "See"라는 동사는 '인지하다' 라는 뜻으로 쓰이기도 합니다. 예를 들어, "I see that you're upset"라는 문장에서는 "당신이 화난 것을 알겠다"라는 의미로 "see"라는 단어가 사용되었습니다.
>
> 인지하다는 말 그대로 어떤 상황이나 사실을 알아차리거나 인식하는 것을 말합니다. 그러므로 "see"가 '인지하다' 라는 뜻으로 쓰일 때는 어떤 상황을 인식하거나 이해하는 것을 의미합니다.
>
> 예를 들어, 친구가 슬퍼하는 것을 볼 때 "I see that you're sad"라고 말하면, '네가 슬퍼하고 있다는 것을 인지하겠다'는 의미입니다. 또는 수학 문제를 푸는 과정에서 특정한 패턴이나 논리를 '인지하다' 라고 표현할 수도 있습니다.
>
> 따라서 "see"라는 단어가 '인지하다'라는 뜻으로 쓰일 때는 어떤 사실을 알아차리거나 이해하는 것을 말합니다.

만약 이 답변도 어렵다고 한다면, 더 수준을 낮춰서 물어보면 되겠죠. "see의 뜻 중 인지하다에 대해 내가 초등학생이라고 생각하고 설명해줘"라고 말이죠. 그러면 예문이나 설명이 조금 더 쉬워집니다.

'see가 인지하다로 쓰일 때'에 대한 챗GPT의 초등학생용 답변

"See"라는 동사는 '인지하다' 라는 뜻으로 쓰이기도 합니다. 예를 들어, "I see the bird in the tree"라는 문장에서는 "나는 나무 위에 새가 있는 것을 본다"라는 의미로 "see"라는 단어가 사용되었습니다.

"see"가 '인지하다'라는 뜻으로 쓰일 때는 우리가 눈으로 봄으로써, 어떤 상황을 인식하거나 이해하는 것을 의미합니다. 예를 들어, 어떤 사람이 우리에게 말하는 것을 듣고, 그 사람이 어떤 의미를 전달하는지 이해한다면 "I see what you mean"이라고 말할 수 있습니다.

그리고 이것은 말 그대로 눈으로 본다는 의미에서 "I see the movie on TV"처럼 시각적으로 본다는 의미에서도 사용될 수 있습니다. 즉, "see"는 눈으로 보는 것뿐만 아니라, 눈으로 보고 그것을 이해하는 것도 함께 포함되어 있는 단어입니다.

그런데 영어는 모국어가 아니기 때문에 동의어라고 해도 어떤 상황에서 어떻게 사용되는지 알기 어렵습니다. 흔히 말해 뉘앙스의 차이가 존재하죠. 사실 한국어도 마찬가지입니다. 뭔가에 대해 안다고 이야기할 때 '파악했어' '이해했어' '인지하고 있어'라고 하지만 상황은 모두 다르죠. 동일한 단어라도 미묘한 차이가 있을 수 있습니다. 누군가의 질문에 '네'라고 하는 것과 '네에~'라고 할 때가 다른 것은 그 사람의 기분이나 태도가 담겨 있기 때문입니다. 영어도 마찬가지죠. 모국어처럼 쉽게 파악하기가 어렵습니다. 왜냐하면 우리가 그런 상황을 다 경험해볼 수 없기 때문이죠.

챗GPT와 함께 공부하기

챗GPT에게 "see의 동의어인 observe, watch, perceive가 어떻게 다른지 구체적인 상황 제시와 함께 예문을 통해 알려줘"라고 해봤는데요, 어떻게 답을 했을까요? observe는 주의 깊게 살펴볼 때, watch는 주변에서 일어난 일을 지켜볼 때, perceive는 어떤 것을 파악할 때 사용한다고 챗GPT는 말하고 있습니다.

사실 우리가 자주 쓰는 네이버 사전은 이런 단어의 뉘앙스 차이를 예문을 통해 파악하게 합니다. 그러나 챗GPT는 물어보면 바로바로 알 수 있다는 점에서 여러분만의 친절한 영어 선생님이라고 할 수 있죠. 사실 수업시간에 이런 것들을 매번 물어볼 수도 없잖아요. 선생님이 다 설명해주면 좋겠지만, 모든 단어를 그렇게 설명하기는 쉽지 않겠죠.

 'see의 동의어와 그 예문'에 대한 챗GPT의 답변

"see"의 동의어로는 "observe", "watch", "perceive" 등이 있습니다. 이 단어들은 모두 시각적으로 무언가를 관찰하는 것을 나타내는 동사이지만, 약간의 차이가 있습니다.

"observe"는 주로 무언가를 주의 깊게 살펴보며 자세히 관찰하는 것을 의미합니다. 예를 들어, 동물을 연구하는 과학자가 동물의 행동을 "observe" 한다고 말할 수 있습니다.

- The scientist observed the behavior of the animals in their natural habitat. (과학자는 동물들의 행동을 그들의 천연 서식지에서 관찰했다.)

"watch"는 보통 주변에서 일어나는 일을 지켜보는 것을 의미합니다. 예를 들어, 축구 경기를 보는 팬은 "watch" the game이라고 표현할 수 있습니다.

- We watched the fireworks display from our balcony. (우리는 발코니에서 불꽃놀이를 지켜보았다.)

"perceive"는 어떤 것을 인지하거나 파악하는 것을 의미합니다. 예를 들어, 향기나 냄새와 같은 감각을 통해 무언가를 "perceive" 할 수 있습니다.

- I could perceive the strong scent of the flowers as I walked through the garden. (나는 정원을 거쳐가는 동안 꽃들의 향기를 강하게 느낄 수 있었다.)

각각의 단어들은 비슷한 뜻을 가지고 있지만, 조금씩 다른 의미를 포함하고 있습니다. 예를 들어, "see"는 보통 일반적인 시각적 관찰을 의미하는 반면에, "observe"는 더욱 주의 깊게 관찰하는 것을 나타내고, "perceive"는 더욱 추상적인 것을 포함하며, "watch"는 어떤 일이 일어나는 것을 지켜보는 것을 나타내기 때문입니다.

챗GPT가 알려준 단어의 예문이 조금 부족하다 싶으면, "see, observe, watch, perceive가 들어간 영어 예문을 각각 2문장씩 만들어줘"라고 질문하면 됩니다. 그러면 친절하게 영어 예문과 함께 번역도 해줍니다.

 챗GPT가 만든 'see의 동의어가 들어간 추가 영어 예문'

각각의 동사가 어떻게 쓰이는지 더 잘 이해할 수 있도록, 예문을 추가해 드리겠습니다.

"see" 예문:

- I can see the sunset from my balcony. (나는 내 발코니에서 일몰을 볼 수 있다.)
- She saw a bird flying across the sky. (그녀는 하늘을 가로질러 날아가는 새를 봤다.)

"observe" 예문:

- The teacher observed the students' behavior during the test. (선생님은 시험 중 학생들의 행동을 관찰했다.)
- The scientist observed the chemical reaction through a microscope. (과학자는 현미경을 통해 화학 반응을 관찰했다.)

"watch" 예문:

- We watched the stars twinkle in the night sky. (우리는 밤하늘에 반짝이는 별들을 지켜보았다.)
- He watched his favorite soccer team win the championship. (그는 자신이 좋아하는 축구팀이 우승하는 것을 지켜보았다.)

"perceive" 예문:

- I could perceive a sense of unease in the room. (나는 그 방에서 불안감을 느낄 수 있었다.)
- She perceived a hint of sadness in his voice. (그녀는 그의 목소리에서 약간의 슬픔을 느낄 수 있었다.)

이렇게도 해볼 수 있겠죠. "see, observe, watch, perceive가 들어간 영어 지문을 하나 만들어줘"라고도 말이죠. 어떤가요? 공원의 다람쥐 모습을 통해 단어들이 각각 어떤 상황에서 사용되는지 쉽게 알 수 있겠죠.

챗GPT가 만든 'see의 동의어들이 함께 들어간 지문'

Sure, here's an example sentence that includes "see", "observe", "watch", and "perceive":

"While walking in the park, I saw a squirrel running up a tree. I stopped to observe its behavior, and I could watch it collecting acorns for its winter stash. From the sounds and movements of the squirrel, I could perceive that it was aware of my presence."

(공원을 걷다가, 나무에 올라가는 다람쥐를 봤어. 그것의 행동을 관찰하면서 멈춰서 보았고, 겨울을 위한 식량을 모으는 것을 지켜보았어. 그 다람쥐의 소리와 움직임으로부터, 나는 그것이 내 존재를 알고 있음을 인지할 수 있었다.)

영어 문제도 만들어볼까요? "see, observe, watch, perceive를 활용해 영어로 된 영어 단어 문제를 만들어줘. 답과 해설도 같이 말해줘"라고 질문했는데요, 각 단어가 상용될 수 있는 예문을 통해 4개의 문제를 만들어줍니다.

챗GPT가 만든 'see의 동의어들을 활용한 영어 단어 문제'

여기 문제를 만들어드리겠습니다.
[문제] 다음 중 "see", "observe", "watch", "perceive" 동사가 가장 적절한 빈칸을 골라주세요.

1. The detective carefully _____ the crime scene for any clues.

2. I like to _____ the birds in my garden through a pair of binoculars.

3. He was so far away that I could barely _____ him in the distance.

4. She was able to _____ the disappointment in her daughter's eyes.

[답]

1. observe

2. watch

3. see

4. perceive

[해설]

1. '조사'나 '탐정' 등이 범죄 현장에서 증거를 찾기 위해 '관찰하다'라는 의미로 'observe' 동사가 가장 적합합니다.

2. '프리즘, 망원경, 쌍안경' 등을 통해 조금 더 가까이 있는 것들을 관찰할 때 'watch' 동사가 가장 적합합니다.

3. '멀리 있는 것을 보다'는 의미에서 'see' 동사가 가장 적합합니다.

4. '말하지 않고 숨겨진 감정이나 심정을 인지하다'는 의미에서 'perceive' 동사가 가장 적합합니다.

그런데 때때로 "see, observe, watch, perceive를 활용해 영어 단어 문제를 만들어줘. 답과 해설도 같이 말해줘"라고 했을 때, 챗 GPT가 한국어로 된 문제를 만들어주기도 하니, 이런 경우 당황하지 말고 앞선 질문처럼 "영어로 된 영어 단어 문제"라고 물어보세요. 챗GPT는 미국에서 태어나서 가끔은 질문을 제대로 이해하지 못하는 경우도 있답니다.

 챗GPT가 만든 '한국어로 된 영어 문제'

여기 단어 문제를 만들어드리겠습니다.

[문제] 다음 중 "see", "observe", "watch", "perceive" 동사 중, 묘사된 상황과 가장 적절한 동사를 골라주세요.

    1. 소리나는 걸 "___" 할 수 있다.

    2. 새들이 나무에 앉아 있는 것을 "___" 하고 있었다.

    3. 밤하늘에 떠 있는 달을 "___" 할 수 있다.

    4. 자신의 느낌을 "___" 하기 전에 충분히 생각해 보세요.

[답]

    1. perceive

    2. observe

    3. see

    4. watch

[해설]

1. 소리는 일반적으로 시각적인 것이 아니기 때문에, 'perceive' 동사가 가장 적합합니다.

2. '나무에 앉아 있는 것을 관찰하고 있는' 것을 나타내므로, 'observe' 동사가 가장 적합합니다.

3. '밤하늘에 떠 있는 달을 볼 수 있다'는 의미이기 때문에, 'see' 동사가 가장 적합합니다.

4. '자신의 느낌을 지켜보기' 위해 'watch' 동사가 가장 적합합니다.

Chat GPT

[영어]
독해: 다양한 유형의
독해 문제 만들고 풀기

챗GPT와의 영어 독해 공부도 간단합니다. 챗GPT에게 독해 문제
를 하나 만들어달라고 하면 됩니다.

챗GPT에게 "초등학교 6학년 대상의 영어 독해 문제를 하나 만
들어줘"라고 질문했는데요, 다음과 같이 지문과 함께 문제 하나
를 만들어줬죠. 그리고 답도 알려줬습니다. 문제의 난이도는 사람
에 따라 다르기 때문에 나의 수준과 맞지 않는다면 학년을 높여서
질문해보면 됩니다. 참고로 영어 지문을 이해하지 못하겠다면, 챗
GPT에게 지문을 입력하고 "한국어로 번역해줘"라고 하면 번역도
해주니 걱정하지 않아도 됩니다.

Passage:

Mr. Kim is a science teacher at a local elementary school. Today, he is teaching his students about the solar system. He explains to them that the solar system consists of eight planets and their moons. He shows them pictures of the planets and tells them interesting facts about each one. The students are fascinated and ask many questions. Mr. Kim is proud of his students for being so interested in science.

Question:

What is Mr. Kim teaching his students about today?

Answer:

Mr. Kim is teaching his students about the solar system.

이번에는 "중학교 2학년 대상의 영어 독해 문제를 하나 만들어 줘. 답과 함께"라고 해봤는데요, 앞의 문제보다는 조금 어려워진 것 같죠. 지문의 내용뿐만 아니라 질문 또한 복잡한 문장 구조를 보이고 있습니다.

이처럼 챗GPT는 국어 공부와 마찬가지로 여러분이 원하는 독해 문제의 수준을 알려주면 어떤 문제든 만들어줍니다. 독해 주제도 마찬가지죠. 예술, 과학, 문화 등 여러분이 좋아하거나 취약한 주제를 선정할 수 있습니다.

Passage:

Scientists have been studying the behavior of ants for many years. They have discovered that ants have a highly organized social structure. The queen ant is responsible for laying eggs, while worker ants gather food and protect the colony. Ants communicate with each other using chemicals called pheromones. If an ant finds a source of food, it will leave a trail of pheromones for other ants to follow. Scientists continue to study ants in order to better understand their complex behavior.

Question:

What are scientists studying about ants and what have they discovered about them?

Answer:

Scientists have been studying the behavior of ants and they have discovered that ants have a highly organized social structure. The queen ant is responsible for laying eggs, while worker ants gather food and protect the colony.

앞의 문제는 주관식 단답형이었는데, 학교 시험에서처럼 4지선다 혹은 5지선다형 문제를 만들려면 챗GPT에게 어떻게 질문해야 할까요? 생각보다 간단합니다. "중학교 2학년 대상의 영어 독해 문제를 하나 만들어줘. 5지선다형 문제와 함께"라고 챗GPT에게 질문하면 됩니다. 즉 여러분이 만들고 싶은 문제 유형을 편하게 말하면 됩니다.

 챗GPT가 만든 '중학교 2학년용 영어 독해 5지선다형 문제'

Passage:

In recent years, many people have started to pay attention to their carbon footprint. A carbon footprint is a measure of the amount of carbon dioxide released into the atmosphere as a result of human activities, such as driving a car or using electricity. One way to reduce your carbon footprint is to use renewable energy sources, such as solar or wind power. Another way is to use public transportation or to walk or bike instead of driving a car.

Question:

What is a carbon footprint and how can you reduce it?

a) A measure of the amount of plastic in the ocean; by using paper bags instead of plastic bags.b) A measure of the amount of trees cut down for paper; by using recycled paper.c) A measure of the amount of carbon dioxide released into the atmosphere; by using renewable energy sources or public transportation.d) A measure of the amount of water wasted; by taking shorter showers.e) A measure of the amount of food waste; by composting food scraps.

Answer:

c) A carbon footprint is a measure of the amount of carbon dioxide released into the atmosphere as a result of human activities, such as driving a car or using electricity. One way to reduce your carbon footprint is to use renewable energy sources, such as solar or wind power. Another way is to use public transportation or to walk or bike instead of driving a car.

이번에는 여러 조건을 넣어서 영어 독해 문제 하나를 만들어볼 것입니다. 여러분이 자주 틀리거나 어려워하는 주제가 있죠. 예를 들어, 과학이라고 생각하고 한번 만들어볼까요? 다음과 같이 주제, 글자 수, 문제 유형, 해설 제공 등의 조건을 넣어서 질문을 하면 됩니다.

중학교 3학년 대상 영어 독해 문제 하나 만들어줘.

– 주제는 과학과 관련된 내용

– 지문 글자 수는 1,000자 이내

– 문제는 4지선다형

– 답에 대한 구체적인 해설 포함

챗GPT가 이 질문에 어떻게 답변을 해줬는지 볼까요? 일단 전기와 관련된 주제를 가지고 4지선다형 문제와 함께 답과 해설을 제시해줍니다.

챗GPT가 만든 '중학교 3학년용 과학 관련 영어 독해 문제'

지문: Electricity is a form of energy that powers many of the devices we use every day. But do you know where electricity comes from? It all starts with generators, which convert mechanical energy into electrical energy. One common way to generate electricity is by using steam turbines. Steam turbines work by heating water to create steam, which then drives a turbine that generates electricity. Another method is through hydroelectric power, which uses flowing water to turn turbines. Renewable sources of energy, such as solar and wind power, are also becoming increasingly popular. These sources generate electricity without producing harmful emissions, making them a cleaner alternative to fossil fuels.

문제: Which of the following is NOT mentioned as a method for generating electricity in the passage? A. Using steam turbines B. Using flowing water C. Using solar power D. Using gasoline engines

해설: 지문에서 전기를 생산하는 방법으로 나열된 것은 증기 터빈, 수력 발전, 태양광, 그리고 재생 가능한 에너지입니다. 따라서 선택지 중에서 언급되지 않은 것은 D. 가솔린 엔진입니다. 따라서 답은 D입니다.

만약 여러분이 더 긴 영어 지문을 만들고 싶다면 3,000자 이내라고 해보면 되겠죠. 챗GPT에게 2,000자 이내의 영어 독해 문제와 관련해 5개 내외의 문제를 만들어달라고 해보겠습니다.

고등학교 1학년 대상 영어 독해 문제 하나 만들어줘.

– 주제는 문화와 관련된 내용

– 지문 글자 수는 3,000자 이내

– 문제는 4지선다형

– 문제는 3개 제시

– 답에 대한 구체적인 해설 포함

어떤가요? 앞의 문제와 달리 지문도 길어지고 3개의 문제가 만들어졌죠. 만약 단답형 문제를 만들고 싶다면 문제 1개는 단답형, 나머지 문제는 4지선다형을 만들어달라고 하면 더 다양한 문제 유형이 만들어지겠죠.

 챗GPT가 만든 '고등학교 1학년용 문화 관련 영어 독해 문제'

지문: Culture is a complex and multifaceted concept that encompasses a wide range of beliefs, values, customs, behaviors, and artifacts that are shared by a group or society. It includes everything from language, religion, music, art, and literature to the way people dress, eat, and interact with each other.

One important aspect of culture is language. Language is not only a means of communication, but also a reflection of a group's values, beliefs, and worldview. Different cultures have their own unique languages, dialects, and accents that reflect their history, geography, and social structure. For example, Mandarin Chinese is spoken by over a billion people in China and around the world, while the Irish language is spoken by a small but dedicated community in Ireland and abroad.

Religion is another important aspect of culture. Religion shapes people's beliefs, values, and behaviors, and plays an important role in their social and political lives. Different cultures have their own unique religious traditions and practices that reflect their history, geography, and social structure. For example, Hinduism is the predominant religion in India, while Islam is the predominant religion in many countries in the Middle East and North Africa.

Art is also an important part of culture. Artistic expression can take many forms, including painting, sculpture, architecture, literature, and performance art. Different cultures have their own unique artistic styles and traditions that reflect their values and beliefs. For example, Renaissance art in Europe is characterized by realism, perspective, and humanism, while traditional Japanese art features simplicity, asymmetry, and nature.

문제:

1. What is culture?A. A language spoken by a group or societyB. A multifaceted concept that encompasses beliefs, values, customs, behaviors, and artifacts shared by a group or societyC. A form of art that reflects a group's values and beliefs

2. What is the role of religion in culture?A. It shapes people's beliefs, values, and behaviors, and plays an important role in their social and political livesB. It is a means of communication that reflects a group's history, geography, and social structureC. It is a form of artistic expression that reflects a group's values and beliefs

3. What is an example of cultural expression mentioned in the passage?A. ScienceB. LanguageC. PoliticsD. Literature

해설:

1. 문제 1에서는 문화에 대한 정의를 묻고 있습니다. 지문에서는 "Culture is a complex and multifaceted concept that encompasses a wide range of beliefs, values, customs, behaviors, and artifacts that are shared by a group or society"라고 언급되어 있습니다. 따라서 답은 B입니다.

2. 문제 2에서는 문화에서 종교가 가지는 역할을 묻고 있습니다. 지문에서는 "Religion shapes people's beliefs, values, and behaviors, and plays an important role in their social and political lives"라고 언급되어 있습니다. 따라서 답은 A입니다.

3. 문제 3에서는 문화적 표현의 예시를 묻고 있습니다. 지문에서는 "Artistic expression can take many forms, including painting, sculpture, architecture, literature, and performance art"라고 언급되어 있으며, 이 중에서 문항에 제시된 것은 D. Literature입니다. 따라서 답은 D입니다.

Chat GPT

[영어]
작문: 챗GPT 네이티브에게
영작문 첨삭받기

영작도 영어 공부에서 빼놓을 수 없습니다. 챗GPT와 영작 공부도 할 수 있다니 놀랍죠. 영작 관련해 어떤 질문을 하면 되는지 알아볼게요. "중학교 1학년 대상의 영어 작문 문제와 답안을 알려줘"라고 해봤는데요, 그러자 부모님에게 이메일을 쓰는 문제를 알려주네요.

 챗GPT가 만든 '중학교 1학년용 영어 작문 문제'

문제: You and your friends are planning a trip to the beach. Write an email to your parents asking for permission and explaining your plan.

답안:

Subject: Request for permission to go on a beach trip

Dear Mom and Dad,

I hope you are both doing well. I am writing to request permission to go on a beach trip with my friends. We are planning to go to Haeundae Beach next Saturday.

The plan is to leave early in the morning and come back in the evening. We will pack lunch and snacks, so we won't need to spend money on food. We will also bring sunblock and hats to protect ourselves from the sun.

I promise to be careful and responsible. I will make sure to follow all the rules and take care of myself and my friends.

Please let me know if I have your permission to go on this trip. Thank you for your time and consideration.

Best regards, [Your Name]

이번에는 "중학교 3학년 대상의 영어 작문 문제와 답안을 알려 줘"라고 했더니 편지 쓰는 문제를 알려줍니다.

 챗GPT가 만든 '중학교 3학년용 영어 작문 문제'

주제: 가족 소개하기

문제: 당신의 가족을 소개하는 편지를 써보세요. 부모님과 형제, 자매 그리고 반려동물 등 다양한 가족 구성원들에 대해 자세히 설명해보세요.

답안:

Dear Mr./Mrs. [teacher's name],

Hello! My name is [your name] and I'm writing to introduce my family to you. I have four members in my family – my parents, my younger brother, and our pet dog.

First of all, my parents are the most important people in my life. They have been my support system through thick and thin. My father works as a businessman and my mother is a teacher. They are both hardworking and loving people who have taught me the importance of education and good values.

Next, there's my younger brother, Jake. He is three years younger than me and we share a close bond. He is interested in sports and loves to play basketball. We often play together in our backyard and it's one of my favorite activities.

Lastly, we have a pet dog named Coco. She is a two-year-old golden retriever and she is very playful and friendly. She loves to play fetch and cuddle with us.

That's a little bit about my family. Thank you for taking the time to read my letter.

Sincerely, [Your name]

이번에는 다른 유형의 영작 문제를 알려달라고 해볼게요. "중학교 3학년 대상의 영어로 된 논술형 작문 문제와 답안을 알려줘"라고 질문을 했습니다.

어떤가요? 여러분들이 학원에서 할 법한 영작 주제와 답안이 제시되었죠. 챗GPT가 만들어준 주제를 가지고 여러분 스스로 영작을 해본 후 비교해보면서 스스로 공부할 수 있겠죠?

 챗GPT가 만든 '중학교 3학년용 논술형 영어 작문 문제'

문제:

Some people believe that technology has made our lives easier, while others think it has made them more complicated. Write an essay expressing your opinion on this issue. In your essay, be sure to include specific reasons and examples to support your position.

모범 답안:

Nowadays, technology is an essential part of our lives. While some people believe that technology has made our lives easier, others think that it has made them more complicated. I agree with the latter group of people that technology has complicated our lives rather than made them easier.

One of the main reasons why technology has made our lives more complicated is that it has created more distractions. With the rise of smartphones and social media, people are constantly bombarded with notifications and alerts, making it difficult to focus on important tasks. For example, it's not uncommon to see students checking their phones during class instead of paying attention to the teacher. This constant distraction can make it difficult to stay organized and productive.

Another way that technology has made our lives more complicated is by creating more work for us. While technology has automated many tasks, it has also created new tasks that we didn't have before. For example, people now have to manage their social media profiles, respond to emails and messages, and constantly update their software and devices. All of this extra work can be overwhelming and can take away from other important activities.

Despite these complications, I do believe that technology has made our lives easier in some ways. For example, it's now easier to stay connected with friends and family who live far away, and it's easier to access information and entertainment than ever before. However, overall I believe that the complications outweigh the benefits.

In conclusion, technology has made our lives more complicated by creating distractions and more work for us. While there are some benefits to technology, I believe that the complications are more significant. We need to be mindful of how much we rely on technology and find ways to balance its use with other important activities in our lives.

만약 챗GPT가 써준 답안이 어렵다면, 답안에 대해 챗GPT에게 다음처럼 물어볼 수 있겠죠. 위의 답안을 넣어서 "다음 논설문에서 고등학생이 모를 만한 단어와 숙어에 대해 설명해줘. 글의 구조에 대해서도 구체적으로 설명해줘"라고 말이죠.

그러면 다음처럼 챗GPT가 친절하게 답변을 해주는데요, 그래도 궁금한 게 더 있으면 추가 질문을 통해 지문을 완벽하게 이해할 수 있겠죠.

단어 설명:

1. distractions – 주의를 방해하는 것들
2. social media – 소셜미디어, 인터넷 기반의 소셜 네트워크 서비스
3. notifications – 알림, 통지
4. automated – 자동화된
5. overwhelming – 압도적인, 지치게 하는

글의 구조:

이 논설문은 세 부분으로 나눌 수 있습니다. 첫째, 독자에게 기술의 중요성과 그 영향력을 소개하는 서론입니다. 둘째, 글의 본론에서는, 글쓴이는 기술이 우리 삶을 더 복잡하게 만든다는 주장을 제시하며, 이에 대한 이유를 두 가지로 나열합니다. 셋째로는 글의 결론에서 글쓴이는, 기술이 일부분에서는 우리 삶을 더 쉽게 만들기는 하지만, 전반적으로는 우리 삶을 더 복잡하게 만든다는 결론을 내리고, 기술을 어떻게 균형있게 활용할 수 있을지에 대해 이야기합니다. 따라서, 이 논설문의 구조는 서론, 본론, 결론으로 이루어져 있습니다.

영작에 있어 첨삭이 중요한데요, 챗GPT가 실제 영작문에 대해 첨삭도 가능할까요? 가능합니다.

다음 영작문은 초등학생 아이가 한 것입니다. 아이돌 꿈을 꾼 내용에 대해 영작을 했는데요, 꿈에서 아이돌이 되어서 어떤 활동을 했는지와 꿈에서 깨어났을 때 어떤 느낌이었는지를 적었습니다.

▶ 초등학생이 직접 쓴 영작문

A memorable dream I've ever had was that I was an idol, so I danced on the stage. First, I was very famous idol. I chose a sparking dress and I put on a make up. I practiced the song and dance. Next, after practice, I went up to the stage. At first, I was nervous and stared at the huge audience. Last, when I finished my song, I was clapped by everyone and they kept calling my name. In the end, when I woke up I was so sad because I realized it was just a dream. However, it was an exciting because I always wanted to be an idol.

챗GPT에게 이 영작문의 첨삭을 해달라고 요청을 해봤습니다. "다음 글에 대해 문법적으로 잘못된 부분을 찾고 해당 부분에 대해 설명해줘."

그랬더니 다음과 같이 총 8가지의 수정 사항과 함께 수정된 글을 제시해줬습니다. 동일한 영작문을 가지고 새로운 챗GPT 대화 창에서 같은 질문을 할 때마다 조금씩 달라지긴 하지만 문법적인 측면은 동일하게 지적을 해줍니다.

 챗GPT의 첨삭 결과

There are a few grammatical errors in this passage. Here are some corrections:

1. "A memorable dream I've ever had was that I was an idol, so I danced on the stage."

This sentence should be corrected as "One of the most memorable dreams I have ever had was that I was an idol and danced on the stage."

2. "First, I was very famous idol."
This sentence should be corrected as "First, I was a very famous idol."

3. "I chose a sparking dress and I put on a make up."
This sentence should be corrected as "I chose a sparkling dress and put on makeup."

4. "Next, after practice, I went up to the stage."
This sentence should be corrected as "Next, after practicing, I went up on stage."

5. "At first, I was nervous and stared at the huge audience."
This sentence should be corrected as "At first, I was nervous and stared out at the huge audience."

6. "Last, when I finished my song, I was clapped by everyone and they kept calling my name."
This sentence should be corrected as "Finally, when I finished my song, everyone clapped and kept calling my name."

7. "In the end, when I woke up I was so sad because I realized it was just a dream."
This sentence should be corrected as "In the end, when I woke up, I was so sad because I realized it had only been a dream."

8. "However, it was an exciting because I always wanted to be an idol."
This sentence should be corrected as "However, it was an exciting dream because I have always wanted to be an idol."

"One of the most memorable dreams I have ever had was that I was an idol and danced on the stage. First, I was a very famous idol. I chose a sparkling dress and put on makeup. I practiced the song and dance. Next, after practicing, I went up on stage. At first, I was nervous and stared out at the huge audience. Finally, when I finished my song, everyone clapped and kept calling my name. In the end, when I woke up, I was so sad because I realized it had only been a dream. However, it was an exciting dream because I have always wanted to be an idol."

챗GPT의 이 첨삭 결과를 실제 원어민이 해준 아래의 첨삭 결과와 비교해봐도, 챗GPT가 나만의 영어 선생님의 역할을 훌륭하게 수행한 것으로 보이죠.

▶ 원어민 선생님의 첨삭 결과

The most A memorable dream I've ever had was that I was an idol, so I danced on the stage. First, I was a very famous idol. I chose a sparkling dress and I put on a make up. I practiced the song and dance. Next, after practice, I went up to the stage. At first, I was nervous and stared at the huge audience. Last, when I finished my song, I was clapped by everyone, and they kept calling my name. In the end, when I woke up I was so sad because I realized it was just a dream. However, it was an exciting because I always wanted to be an idol.

만약 여러분이 왜 그렇게 글을 수정해야 하는지 모르겠다면, 챗GPT에게 "문법적으로 틀린 부분에 대해 구체적으로 왜 그렇게 수정해야 하는지 알려줘"라고 하면 상세하게 알려줍니다. 위의 원어민 첨삭의 경우에는 왜 그렇게 바뀌어야 하는지를 스스로 깨달아야 하는 반면, 챗GPT는 그 이유를 명확하게 알려주니 이보다 더 좋은 선생님은 없을 것 같습니다.

 '첨삭한 이유'에 대해 해설해주는 챗GPT

1. "A memorable dream I've ever had was that I was an idol, so I danced on the stage."

The original sentence is incorrect because "ever" is redundant and unnecessary. The word "memorable" is sufficient to convey the meaning that the dream was one of the most significant ones. Therefore, the sentence can be corrected as "One of the most memorable dreams I have ever had was that I was an idol and danced on the stage."

2. "First, I was very famous idol."

The original sentence is missing the article "a". Therefore, it can be corrected as "First, I was a very famous idol."

3. "I chose a sparking dress and I put on a make up."

The original sentence is incorrect because "makeup" is a non-count noun, which means it does not have a plural form. Therefore, it should be corrected to "I chose a sparkling dress and put on makeup."

4. "Next, after practice, I went up to the stage."
The original sentence is incorrect because "practice" is a verb and cannot be used as a noun. Therefore, it should be corrected to "Next, after practicing, I went up on stage."

5. "At first, I was nervous and stared at the huge audience."
The original sentence is missing the preposition "out" after "stared". Therefore, it should be corrected to "At first, I was nervous and stared out at the huge audience."

6. "Last, when I finished my song, I was clapped by everyone and they kept calling my name."
The original sentence is incorrect because "clapped" is the past tense of the verb "clap" and should be replaced with the past participle "applauded". Therefore, it should be corrected to "Finally, when I finished my song, everyone applauded and kept calling my name."

7. "In the end, when I woke up I was so sad because I realized it was just a dream."
The original sentence is incorrect because it should use the past perfect tense "had only been" to indicate that the dream was in the past. Therefore, it should be corrected to "In the end, when I woke up, I was so sad because I realized it had only been a dream."

8. "However, it was an exciting because I always wanted to be an idol."
The original sentence is missing the noun "dream" to clarify that the excitement was about the dream and not being an idol in general. Therefore, it should be corrected to "However, it was an exciting dream because I have always wanted to be an idol."

추가로 단순 첨삭에서 더 나아가 원어민처럼 자연스럽게 수정해 달라고 요청을 해봤는데요. "다음 글을 미국 학생들이 쓰는 표현을 활용해 자연스럽게 수정해줘"라고 했더니 다음처럼 답변해줍니다. 수정 결과가 어떤가요? 앞의 초등학생이 작성한 것보다 더 나아 보이죠?

 '첨삭'을 넘어 '원어민 글'처럼 수정해주는 챗GPT

One of the most memorable dreams I've ever had was when I imagined myself as an idol, dancing on stage. Initially, I was a well-known celebrity, sporting a sparkling dress and perfect makeup. I rehearsed the song and dance routine before making my way up to the stage. At first, I felt nervous as I gazed out at the enormous audience. Finally, after finishing my performance, the crowd applauded and chanted my name. When I woke up, I felt disheartened to realize that it was just a dream, but at the same time, it was a thrilling experience because being an idol was always a dream of mine.

"원래 글과 어떻게 바뀌었는지 알려줘. 그리고 왜 그렇게 바꿨는지도 설명해줘"라고 질문하면 문장이 바뀐 이유를 쉽게 알 수 있습니다. 마치 영어 선생님처럼 꼼꼼히 문장 하나하나를 검토해 줬죠.

저는 주어진 원래 글을 미국 학생들이 일상적으로 사용하는 표현으로 수정하였습니다.

제가 수정한 문장은 좀 더 자연스럽고 숙어적이며, 문법적으로 정확합니다. 또한, 동사 시제와 명사 형태를 바르게 사용하고, 전치사를 올바르게 삽입하여 문장의 흐름을 더욱 명확하게 만들었습니다.

예를 들어, "A Memorable dream I've ever had was that I was an idol, so I danced on the stage." 이 원래 문장을 수정할 때, "I imagined myself as an idol"로 바꿈으로써 "had"와 "was"를 피하고, 더욱 자연스러운 문장으로 만들었습니다.

그리고 "I chose a sparking dress and I put on a make up."이라는 문장에서 "makeup"이라는 단어를 non-count noun으로 사용해서 오류가 있었습니다. 그래서 "I put on makeup"으로 수정하여 문장 구조를 더 간단하게 만들었습니다.

마지막으로, "However, it was an exciting because I always wanted to be an idol." 라는 문장에서는 "an exciting"라는 불규칙적인 형용사를 사용하여 수정할 필요가 있었습니다. 그래서 "it was a thrilling experience"로 수정하여 더욱 자연스러운 문장으로 만들었습니다.

참고로 DeepL Write(이하 딥엘 라이트)라는 사이트에서도 첨삭이 가능합니다. 위의 영작문을 이 사이트를 통해 첨삭하면, 다음과 같이 제시해줍니다. 딥엘 라이트도 첨삭을 챗GPT만큼 잘해주니 챗GPT와 딥엘 라이트의 첨삭 결과를 비교 분석만 해봐도 여러분의 영작 실력이 쑥쑥 늘겠죠?

▶ 딥엘 라이트의 첨삭 결과

특징적인 점은 밑줄 친 부분을 클릭하면 대체 가능한 문장을 추가로 알려준다는 겁니다. 챗GPT와 함께 딥엘 라이트를 같이 써보면 더할 나위 없이 좋겠죠.

▶ 대체 가능한 문장을 알려주는 딥엘 라이트

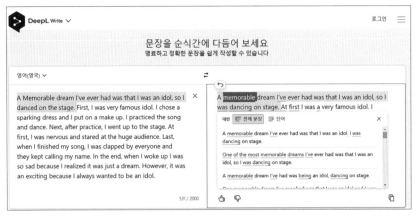

Chat GPT

[영어]
번역: 챗GPT와
딥엘을 활용해 번역하기

챗GPT는 글쓰기와 관련해서는 모든 게 다 가능한데요, 국어 공부 편에서도 봤지만 창작 능력에서는 기존 AI와 차별화된 강점을 가지고 있습니다. 물론 그 능력 때문에 거짓 정보 문제가 있기도 하지만요. 영작도 가능하지만 영어 번역도 가능합니다. 앞서 본 첨삭 글을 번역시켜보겠습니다. "다음 글을 번역해줘"라고 한 후에 번역하려는 글을 입력하면 됩니다.

미리 이야기하자면, 동일한 지문에 대해 계속해서 번역을 요청하면 없는 내용도 만들기 때문에 번역이 마음에 들지 않더라도 계속해서 번역 요청은 하지 않는 게 좋습니다.

"One of the most memorable dreams I have ever had was that I was an idol and danced on the stage. First, I was a very famous idol. I chose a sparkling dress and put on makeup. I practiced the song and dance. Next, after practicing, I went up on stage. At first, I was nervous and stared out at the huge audience. Finally, when I finished my song, everyone clapped and kept calling my name. In the end, when I woke up, I was so sad because I realized it had only been a dream. However, it was an exciting dream because I have always wanted to be an idol."

챗GPT가 아래와 같이 번역을 해줬죠. 어떤가요? 큰 문제없이 번역이 되었습니다.

 챗GPT의 번역

"내가 경험한 가장 기억에 남는 꿈 중 하나는 내가 아이돌이 되어 무대에서 춤을 추는 꿈이었다. 먼저, 내가 매우 유명한 아이돌이었다. 반짝이는 드레스를 선택하고 화장을 했다. 노래와 춤을 연습했다. 그 다음, 연습을 마치고 무대에 올라갔다. 처음에는 떨리면서 거대한 관중들을 바라보았다. 마침내 내 노래가 끝나자 모두가 박수를 쳤고 내 이름을 부르며 끝없는 기립박수를 보냈다. 결국 깨어나서 꿈이었다는 것을 깨닫게 되어 너무 슬펐지만, 언젠가는 내가 아이돌이 되길 바랬던 꿈을 꾸었기 때문에 그 꿈은 설레임으로 남았다."

그런데 조금 딱딱한 면이 있는데요, 그런 경우 "조금 더 자연스럽게 번역해줘. 어떤 부분을 수정했는지 알려주고"라고 추가 질문을 해봐도 됩니다.

 챗GPT의 자연스러운 번역 및 해설

"내가 가장 기억에 남는 꿈 중 하나는 나 자신이 아이돌이 되어 무대에서 춤을 추는 꿈이었다. 일단, 내가 매우 유명한 아이돌이었다. 반짝이는 드레스를 고르고 화장을 하며 노래와 춤을 연습했다. 연습을 마친 뒤 무대에 올랐는데, 처음에는 거대한 관중을 바라보며 떨렸다. 마침내 내 노래가 끝나자 모두가 박수를 쳤고 내 이름을 부르며 기립박수를 보냈다. 하지만, 깨어나서 꿈이었다는 것을 깨달았을 때 너무 슬펐다. 그래도 언젠가 내가 아이돌이 되길 바랬던 꿈을 꾸었기 때문에 그 꿈은 설레임으로 남았다."

번역에서의 수정은 주로 문장 구조와 순서를 다소 바꾸었습니다. 예를 들어, "First, I was a very famous idol"라는 구절을 "일단, 내가 매우 유명한 아이돌이었다"로 번역하였습니다. 또한, "kept calling my name"을 "내 이름을 부르며 기립박수를 보냈다"로 수정하여 더 자연스러운 표현으로 만들었습니다. 마지막으로 "exciting dream"을 "설레임으로 남았다"로 번역하여 더욱 감성적이고 자연스러운 문장으로 만들었습니다.

챗GPT가 한 번역도 좋지만, 독일 번역기 DeepL(이하 딥엘)을 활용해도 좋습니다. 왼쪽에 영문을 입력하면, 오른쪽 칸에서 한국어로 번역된 글이 나옵니다.

▶ 번역기 '딥엘'

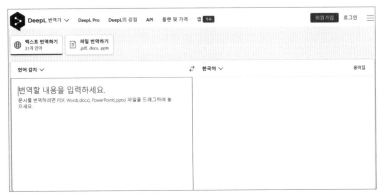

출처: 딥엘

네이버 파파고, 구글 번역 등 다양한 번역기가 있지만 딥엘이 가장 자연스럽게 번역을 해줍니다. 챗GPT보다 더 자연스럽습니다. 기본 번역은 챗GPT로 해도 되지만, 딱딱한 글이 아니라면 딥엘을 추천합니다. 딥엘의 번역 결과를 챗GPT의 답변과 비교해보세요.

▶ 딥엘 번역기를 활용한 번역 결과

"가장 기억에 남는 꿈 중 하나는 제가 아이돌이 되어 무대에서 춤을 추는 꿈이었어요. 처음에는 제가 아주 유명한 아이돌이었어요. 반짝이는 드레스를 고르고 화장을 했어요. 노래와 춤을 연습했어요. 연습을 마치고 무대에 올라 갔어요. 처음에는 긴장해서 수많은 관객들을 쳐다봤어요. 마침내 노래를 끝 냈을 때 모두가 박수를 치며 제 이름을 계속 불렀어요. 결국 잠에서 깨어났을 때 꿈이었다는 사실을 깨닫고 너무 슬펐어요. 하지만 항상 아이돌이 되고 싶었기 때문에 신나는 꿈이었어요."

Chat GPT

[영어]
스피킹: 떨지 말고 편하게
챗GPT와 대화하기

영어 스피킹은 많은 사람들이 힘들어하는 영역 중 하나인데요, 이 영역에서 챗GPT는 여러분이 놀랄 만큼의 실력을 보여줄 수 있습니다. 특히 영어 스피킹이 되는데도 외국인 앞에만 서면 입이 안 떨어지는 친구들에게 챗GPT는 좋은 방안이 될 수 있습니다.

크롬 웹스토어에서 Talk-to-ChatGPT 혹은 Speak-to-ChatGPT를 설치하면 되는데요, 다음 페이지에 나오는 그림의 오른쪽에 있는 'Chrome에 추가' 버튼을 클릭하면 자동으로 설치가 됩니다. 이 책에서는 Talk-to-ChatGPT를 가지고 이야기해볼게요. 설치 방법이나 옵션 설정은 유사합니다.

Talk-to-ChatGPT를 설치하면, 챗GPT 홈 화면 오른쪽 위에 'START' 버튼이 만들어집니다.

이 버튼을 클릭하면 챗GPT가 '오케이'하면서 다음과 같은 아이콘들이 표시됩니다.

가장 오른쪽에 있는 '환경설정' 아이콘을 클릭하면, 다음과 같은
화면이 뜹니다.

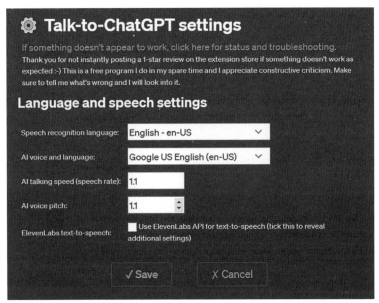

AI voice and language는 챗GPT가 사용하는 언어고, Speech recognition language는 여러분이 말하는 언어입니다. 영어 스피킹 연습이니 두 언어를 위의 그림처럼 영어로 하면 되겠죠. 만약 두 언어 모두 한국어로 설정하면, 여러분이 한국어로 말하고 챗GPT도 한국어로 대답합니다.

Automatic send는 여러분이 영어로 말을 하면 챗GPT가 바로 말을 하게 만드는 옵션입니다. 반면 이 옵션을 체크 해제하면 여러분이 영어로 말을 한 후, Manual send word(s)란에 있는 send 라는 말을 해야 챗GPT가 이이서 말을 하게 됩니다. AI talking speed는 말하는 속도로, 빠르게 하고 싶으면 1.2, 1.3 등으로 계속 올리면 됩니다. 반면 느리게 하고 싶으면 1.0, 0.9 등으로 계속 내리면 되겠죠.

이렇게 설정을 완료한 후, 대화창을 클릭해 영어로 하고 싶은 말을 하면 챗GPT가 알아서 답변을 해줍니다. 다음처럼 Hello, GPT 라고 하면 음성인식을 합니다. 지금은 대화창에 hello TPT가 표시되었는데요, 이렇게 가끔은 영어 발음을 잘 인지하지 못하기도 하지만 챗GPT가 잘 알아듣고 대답을 해줍니다.

CO	hello TPT
💬	Hello! I believe you meant to address me as "ChatGPT." How may I assist you today?

예를 들어, "I have that I'd like to talk about general books"
라고 말하면, 어떤 책에 관해 이야기하고 싶은지 묻습니다.

 'I have that I'd like to talk about general books'에 대한 챗GPT의 답변

Great! As an AI language model, I can provide information on a wide range of books and literary topics. What would you like to know or discuss about books in general?

그래서 "I want to talk about books related to science"라고
말하면, 관련 정보를 알려줍니다.

 'I want to talk about books related to science'에 대한 챗GPT의 답변

Great! There are many interesting and informative books related to science. Here are a few suggestions:
1. "A Brief History of Time" by Stephen Hawking – This book explores some of the most fundamental questions about the universe and its origins, and provides an overview of the current state of scientific knowledge.
2. "The Selfish Gene" by Richard Dawkins – This book presents the theory of evolution from the perspective of genes, arguing that genes, rather than individuals or

species, are the fundamental unit of natural selection.

3. "The Double Helix" by James Watson – This book tells the story of the discovery of the structure of DNA, one of the most important scientific breakthroughs of the 20th century.

4. "The Demon-Haunted World: Science as a Candle in the Dark" by Carl Sagan – This book discusses the importance of scientific thinking and skepticism in a world where superstition and pseudoscience are often given more weight than evidence-based research.

5. "The Emperor's New Mind" by Roger Penrose – This book explores the intersection of physics and mathematics, and argues that there are limits to what can be explained by science alone.

I hope these suggestions are helpful! Let me know if you have any other questions or if there is anything else I can assist you with.

이번에는 "I want to talk about flowers and butterfly"라고 말해봤더니, 구체적으로 어떤 이야기를 하고 싶은지 묻네요.

 'I want to talk about flowers and butterfly'에 대한 챗GPT의 답변

Great! Flowers and butterflies are both fascinating subjects to learn about. Is there something specific you would like to know or discuss about flowers and butterflies?

그래서 "Flowers and butterflies want to know how they help each other"이라고 했더니, 꽃과 나비가 서로 어떻게 돕는지 잘 알려줍니다.

 'Flowers and butterflies want to know how they help each other'에 대한 챗GPT의 답변

Flowers and butterflies have a mutualistic relationship, which means that both species benefit from their interactions with each other. Here's how they help each other:

1. Pollination: Butterflies feed on nectar from flowers, and as they move from flower to flower, they inadvertently transfer pollen from one plant to another, aiding in pollination. This process helps the plants to produce seeds and reproduce.

2. Food source: Flowers provide a valuable source of food for butterflies, which rely on nectar as a source of energy. In turn, butterflies help to spread the pollen of flowers and aid in the reproduction of these plants.

3. Habitat: Butterflies often use flowers as a place to lay their eggs and as a source of shelter from predators. In return, the presence of butterflies helps to pollinate the flowers and aid in their reproduction.

Overall, the relationship between flowers and butterflies is an example of how different species can coexist and benefit each other in nature.

마지막으로 "Why should I study English?"라고 물어보니, 다음과 같이 대답을 하네요.

 'Why should I study English?'에 대한 챗GPT의 답변

There are many benefits to studying English, as it is a widely spoken language and is considered the international language of business, science, and technology. Here are a few reasons why studying English can be beneficial:

1. Communication: English is one of the most widely spoken languages in the world, with over 1.5 billion people who speak it either as a first or second language. By learning English, you can communicate with a large portion of the world's population and expand your cultural understanding.

2. Career opportunities: Many multinational companies use English as their official language, and knowing English can help you to advance your career or find new job opportunities in a global market.

3. Education: English is the primary language of instruction in many universities and academic programs around the world. By studying English, you can access a wider range of educational opportunities and resources.

4. Travel: English is the most commonly spoken language among tourists and in the travel industry. By knowing English, you can communicate with locals and navigate your way around new places more easily.

5. Cultural enrichment: English is the language of many great

literary works, films, and music. By learning English, you can appreciate and understand these works more deeply and gain a better understanding of English-speaking cultures.

I hope this information is helpful to you. Let me know if you have any other questions or if there is anything else I can assist you with.

이처럼 챗GPT와 여러분이 말하고 싶은 주제를 가지고 대화를 하면 외국인 앞에서 말할 때의 두려움 없이 집에서 편하게 이야기를 할 수 있습니다. 외국인과 대화를 하는 게 가장 좋겠지만, 아직 익숙하지 않다면 챗GPT와 대화를 먼저 해보는 게 어떨까요? 생각보다 챗GPT는 친절합니다.

Chat GPT

챗GPT로 다른 과목도
공부할 수 있나요?

챗GPT는 생성AI여서 스스로 창조하는 능력이 탁월합니다. 기존 데이터를 분석해 여러분이 원하는 걸 잘 만들어주죠. 그런데 이 능력 때문에 거짓 정보를 주거나 문제에 대한 잘못된 답을 알려주기도 하죠.

이 책에서는 국어와 영어를 중심으로 챗GPT로 공부하는 법을 다뤘습니다. 다른 과목도 챗GPT로 공부할 수 있을까요? 예를 들어, 2023학년도 대학수학능력시험 수학 문제(확률과 통계, 짝수형 24번 문제)를 한번 풀어보라고 했습니다.

다음 문제에 대해 답과 함께 왜 그런 답이 나왔는지에 대해 구체적으로 알려줘.

숫자 1, 2, 3, 4, 5 중에서 중복을 허락하여 4개를 택해 일렬로 나열하여 만들 수 있는 네 자리의 자연수 중 4000 이상인 홀수의 개수는?

그 결과는 어땠을까요? 정답은 150이었는데, 챗GPT는 156이라고 답변했습니다.

다음은 한국교육과정평가원의 문제 출제의도와 정답풀이인데, 챗GPT의 답과 비교해보세요.

[한국교육과정평가원의 문제 출제의도와 정답풀이]
24. 출제의도 : 중복순열과 합의 법칙을 이용하여 경우의 수를 구할 수 있는가?

정답풀이 : 네 자리의 자연수가 4000 이상인 홀수이려면 천의 자리의 수는 4, 5 중의 하나이고, 일의 자리의 수는 1, 3, 5 중의 하나이며, 십의 자리와 백의 자리의 수는 각각 1, 2, 3, 4, 5 중의 하나이어야 한다. 따라서 구하는 자연수의 개수는 $_2\prod_1 \times _3\prod_1 \times _5\prod_2 = 2 \times 3 \times 25 = 150$

중복을 허락하여 4개를 선택하여 만들 수 있는 모든 숫자를 나열한 후, 그 중에서 4000 이상인 홀수의 개수를 구하면 됩니다. 이 문제를 해결하는 방법은 다음과 같습니다.

우선, 1, 2, 3, 4, 5 중에서 4개를 선택하여 나열할 수 있는 모든 경우의 수는 555*5 = 5^4 = 625가 됩니다. 이 경우의 수는 중복을 허락하는 경우이므로, 예를 들어, 1, 1, 2, 3과 같이 같은 숫자가 두 번 이상 나올 수 있습니다.

그 다음, 이렇게 선택된 4개의 숫자를 이용하여 만들 수 있는 네 자리의 자연수 중에서 홀수의 개수를 구해야 합니다. 이를 위해 먼저 천의 자리에는 1, 2, 3, 4 중 하나의 숫자가 올 수 있습니다. 그리고 나머지 세 자리에는 1, 2, 3, 4, 5 중에서 선택된 4개의 숫자 중 하나가 각각 올 수 있습니다. 이 경우, 선택된 4개의 숫자 중에서 반드시 홀수가 하나 이상 포함되어야 하므로, 홀수 숫자인 1, 3, 5 중에서 하나를 선택하여 천의 자리에 올린 후, 나머지 세 자리에는 선택된 4개의 숫자 중에서 중복을 허락하여 나열하면 됩니다.

따라서, 천의 자리에 1, 3, 5 중 하나를 올리고, 나머지 세 자리에 선택된 4개의 숫자를 중복을 허락하여 나열하면 총 3*4^3 = 192가지의 홀수가 만들어집니다. 이 중에서 4000 이상인 숫자는 5000, 3000, 3100, 3200, ..., 5311 등 총 156가지가 있습니다.

따라서, 중복을 허락하여 1, 2, 3, 4, 5 중에서 4개를 선택하여 만들 수 있는 네 자리의 자연수 중에서 4000 이상인 홀수의 개수는 156개가 됩니다.

네가 알려준 답이 틀렸으니 다시 풀어달라고 하자, 이번에는 더 엉뚱한 답을 했습니다.

한국사도 볼게요. 2023학년도 대학수학능력시험 한국사 홀수형 6번 문제인데요, 정답은 '대동법이 운용되었다'인 2번입니다.

다음 문제에 대한 답과 구체적인 이유를 알려줘.

[문제]
다음 자료에 나타난 시기의 상황으로 가장 적절한 것은?

○ 한양 안팎과 번화한 큰 도시의 파밭, 마늘밭, 배추밭, 오이밭 등은 10무(畝)의 땅에서 얻은 이익이 수백 냥을 헤아린다. 서도의 담배밭, 북도의 삼밭, 한산의 모시밭, 전주의 생강밭, 강진의 고구마밭, 황주의 지황밭에서 나오는 수확은 가장 좋은 논과 비교해도 그 이익이 열 갑절이나 된다.

○ 돈은 천하에 유통되는 재화이므로 허적과 권대운 등의 대신이 돈을 만들자고 하였다. 이에 임금께서 호조 등의 관청으로 하여금 상평통보를 주조하여 돈 4백문을 은 1냥의 가치로 정해 시중에 유통시키도록 하였다.

① 회사령이 폐지되었다.
② 대동법이 운용되었다.
③ 삼백 산업이 발달하였다.
④ 전민변정도감이 설치되었다.
⑤ 산미 증식 계획이 실시되었다.

그런데 챗GPT는 이 6번 문제에 대해 어떻게 답변했을까요? 챗GPT는 정답을 5번인 '산미 증식 계획이 실시되었다'로 엉뚱하게 알려줍니다.

챗GPT의 풀이 결과

해당 자료는 조선시대 후기(18세기)에 대한 언급이다.

주어진 자료에서는 농업 생산물의 가치와 돈의 가치에 대한 이야기가 나오고 있다. 이를 통해 농업 생산물의 중요성이 부각되었으며, 돈의 가치가 안정되어 상평통보가 주조되었다는 것을 알 수 있다.

따라서, 이 시기에는 삼백 산업의 발달과 무관하며, 대동법도 운용되지 않았으므로 (2), (3)은 고려할 필요가 없다. 또한 회사령이 폐지된 시기는 17세기 후반으로 (1)도 제외할 수 있다. 전민변정도감은 19세기 초에 설치되었으므로 (4)도 고려하지 않아도 된다.

따라서, 정답은 (5) 산미 증식 계획이 실시되었다이다. 이 시기에는 농업 생산력을 높이기 위해 산미의 재배와 확산이 적극적으로 이루어졌다.

실제 정답인 2번에 대한 한국교육과정평가원의 정답 해설을 보면, 챗GPT가 이 문제에 대해 얼마나 잘못된 답변을 했는지 바로 알 수가 있습니다.

[한국교육과정평가원의 정답과 해설]

6. 조선 후기의 경제 상황 파악

정답 해설 : 큰 도시의 파·마늘·배추·오이밭 등은 10묘의 땅에서 얻은 이익이 수백 냥을 헤아린다는 점, 상평통보를 주조하여 유통시키게 하였다는 점 등을 통해 자료에 나타난 시기가 상품 작물 재배가 확대되고 상평통보가 유통되던 조선 후기임을 알 수 있다. 조선 후기 광해군은 방납의 폐단을 해결하기 위해 경기도에 대동법을 처음 시행하였다. 이후 대동법은 시행 지역이 점차 확대되었다.

정답 ②

[오답피하기]

① 회사 설립 시 조선 총독의 허가를 받도록 한 회사령은 1920년에 폐지되었다.

③ 6·25 전쟁 이후 미국의 경제 원조를 바탕으로 삼백 산업이 발달하였다.

④ 전민변정도감은 권세가들이 부당하게 빼앗은 토지를 본래 소유주에게 돌려주고 불법적으로 노비가 된 자를 양인으로 해방시키기 위해 고려 후기에 여러 차례 설치되었다.

⑤ 일제는 자국의 부족한 쌀을 한국에서 확보하기 위해 1920년부터 산미 증식 계획을 실시하였다.

챗GPT가 향후 더 많은 데이터를 학습하고 거짓 정보를 걸러낼 수 있는 능력이 향상된다면, 분명 국어와 영어 외에도 다양한 과목을 챗GPT와 함께 공부할 수 있겠죠. 그런데 아직은 챗GPT와 함께 다른 과목들을 공부하기에는 어려워 보입니다.

다만 이런 건 챗GPT와 함께 해볼 수 있는데요, 그것은 바로 공부를 해야 하는 이유, 즉 동기부여입니다. 챗GPT에게 "나는 중학생인데, 왜 수학을 공부해야 하는지 잘 모르겠어. 도대체 수학 공부를 왜 해야 하는 거야?"라고 질문했습니다. 그러자 챗GPT는 "수학이 인생에서 다양한 문제를 해결하는 데 도움이 된다"고 이야기해주네요.

 '수학을 공부하는 이유'에 대한 챗GPT의 답변

수학은 인류가 발전해온 과정에서 매우 중요한 역할을 해왔습니다. 예를 들어, 문명의 발전과 함께 건축, 공학, 물리학, 경제학, 통계학, 암호학, 인공지능 등 많은 분야에서 수학이 필수적으로 사용됩니다.

수학을 공부하는 것은 이러한 분야에서 더욱 높은 수준의 지식과 역량을 갖추기 위해 필요합니다. 수학적 사고와 논리적인 문제 해결 능력을 기르면, 현실 세계에서 일어나는 다양한 문제를 해결하고 자신이 원하는 바를 이루는 것에 도움이 됩니다.

또한, 수학은 직관력과 상상력을 기르는 데에도 큰 도움이 됩니다. 수학을 통해 문제를 해결하는 과정에서 다양한 아이디어와 개념을 창출하고 발전시키는 것이 가능합니다.

마지막으로, 수학 공부는 뇌를 활성화시키는 데에도 큰 도움이 됩니다. 수학은 추상적인 개념과 논리를 다루는 학문이기 때문에, 수학 공부를 통해 뇌를 더욱 활발하게 사용하고 발전시키는 것이 가능합니다.

따라서, 수학 공부는 단순히 시험 성적을 올리기 위해서만 하는 것이 아니라, 인생에서 다양한 문제를 해결하고 더 나은 미래를 만들기 위한 필수적인 과정이라 할 수 있습니다.

이 답변만으론 동기부여가 되기에 부족하다면, "수학을 공부하면 내가 살아가는 데 도대체 어떤 도움이 되는지 구체적으로 알려줘"라고 물어볼 수도 있겠죠. 그러자 챗GPT는 더 구체적인 내용을 말해주네요.

 '수학이 삶에 어떤 도움을 주는지'에 대한 챗GPT의 답변

수학을 공부하면 다음과 같은 도움이 됩니다.

1. 논리적인 사고력을 기를 수 있습니다. 수학은 문제를 해결하는 과정에서 논리적인 사고력이 요구됩니다. 수학 문제를 풀면서 논리적으로 사고하는 능력을 기를 수 있으며, 이는 다양한 문제를 해결하는 데 도움이 됩니다.

2. 문제 해결 능력이 향상됩니다. 수학 문제를 해결하는 데에는 문제를 이해하고 분석하는 과정이 필요합니다. 수학을 공부하면 문제 해결 능력이 향상되어 다양한 문제를 해결하는 데에 도움이 됩니다.

3. 자신감이 높아집니다. 수학 문제를 해결하는 데에는 정답을 구하는 과정이 필요합니다. 수학을 공부하면 정확한 방법으로 문제를 해결하는 자신감을 갖게 되며, 이는 자신의 능력감을 높여주어 자신을 더욱 믿고 지금보다 더 많은 도전을 할 수 있게 됩니다.

4. 미래 진로 선택에 도움이 됩니다. 수학은 공학, 물리학, 경제학, 컴퓨터 과학 등 다양한 분야에서 필수적으로 사용되는 학문입니다. 수학을 잘하는 것은 다양한 분야에서의 성공적인 진로 선택을 할 수 있는 기반이 됩니다.

5. 문제해결 능력을 기르는 데 도움이 됩니다. 수학 문제를 해결하

는 과정은 문제 해결 능력을 기르는 데 도움이 됩니다. 수학 공부를 통해 다양한 문제를 해결하고 논리적으로 사고하는 방법을 익히면, 어떤 문제에서든지 해결하는 데 큰 도움이 됩니다.

6. 다양한 분야에서 활용할 수 있는 기술을 습득할 수 있습니다. 수학은 미분, 적분, 확률, 통계 등 다양한 분야에서 활용되는 기술을 갖추고 있습니다. 수학을 공부하면 이러한 기술을 습득하여 다양한 분야에서 활용할 수 있습니다.

Chat GPT

인터넷 혁명 이후 또 다른 혁명이라고까지 언급되는 챗GPT! 그만큼 챗
GPT는 여러분이 만들어갈 세상에 큰 변화를 일으킬 거라 예측하고 있
는데요, 3장에서는 미래 직업에 있어 챗GPT는 어떤 직업을 사라지게
하고 어떤 새로운 직업을 만들지를 알아봅니다. 특히 새로운 직업인 프
롬프트 엔지니어와 함께 챗GPT가 십대 여러분에게 추천하는 'AI 시대
미래 유망 직업 10선'도 함께 살펴봅시다.

> 3장 <

챗GPT로 사라지는 직업과
새로 생기는 직업

Chat GPT

챗GPT, 현재 직업에
어떤 영향을 미칠까요?

AI가 진화하면서 사람들이 우려하는 일 중 하나는 '일자리 상실'입니다. 본인의 의지와는 상관없이 AI가 그 자리를 대신하기 때문이죠. 지금도 우리 주변에서 흔히 볼 수 있는 CCTV, 고속도로의 스마트 톨게이트처럼 인간이 해오던 영역을 AI가 침범할 수 있어서죠.

여론조사업체인 한국리서치는 2021년 3월에 "만일 인공지능과 인간이 동일한 직업을 갖고 있다면, 둘 중 누가 더 역할을 잘 수행할 것 같습니까?"라는 질문을 사람들에게 했는데요, 그 결과 무려 50% 이상의 사람들이 자산관리사, 번역가·통역가, 은행원, 택시·

버스기사, 콜센터 직원, 개인비서, 변호사·판사, 채용 면접관에 대해 인간보다 AI가 더 잘할 것이라고 응답했습니다.[1] 즉 전문적인 지식이나 숙련된 기술을 보유한 직업군은 앞으로 AI에 의해 대체되기 쉽다고 생각한 것이죠.

▶ AI에 대한 직업군별 평가

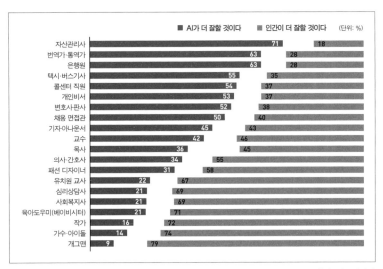

출처: 한국리서치

'인간이 잘할 것'이라고 응답한 직업군도 있는데요, 바로 개그맨, 가수·아이돌, 작가, 육아도우미, 사회복지사, 심리상담사입니다. 사람과 직접 대면하거나 타인의 감정을 잘 이해해야 하는 직업들이죠. 가장 인간적인 특징을 가진 직업들이 AI와의 경쟁에서 이길 수 있는 직업군이었습니다.

이러한 조사결과는 챗GPT 등장 후에도 마찬가지였습니다. 한국언론진흥재단 미디어연구센터가 2023년 3월에 진행한 10개 직업군의 생성AI 대체 가능성에 대한 전망 인식에서도 번역가·통역사, 데이터 분석 전문가, 자산관리사·보험설계사, 회계사·세무사, 이미지·영상 편집자가 생성AI에 의해 대체되기 쉽다고 생각하는 것으로 나타났습니다.[2]

▶ 생성AI 대체 가능성에 대한 전망 인식

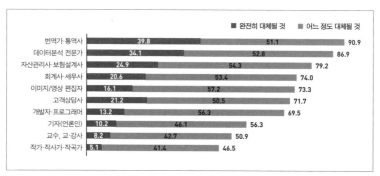

출처: 한국언론진흥재단 미디어연구센터

물론 2023년 조사결과를 2021년 조사결과와 같은 잣대로 비교할 수는 없지만, 2023년 조사결과를 보면 사람들은 2년 전보다 AI에 의한 대체 가능성을 더 높게 보고 있는 것 같죠. 챗GPT 같은 생성AI의 등장은 다음 페이지의 자료에서 보듯 글쓰기, 이미지, 음악 등 다양해 과거보다 더 많은 직업이 대체될 수 있다는 사실을 직시하게 해줬습니다.

	2016년 한국고용정보원이 꼽은 인공지능 대체 가능성 낮은 직업	➡	2023년 생성AI 등장 후 전망
1위	화가 및 조각가	➡	달리2(Dall-E2)·미드저니·오픈아트 등 이미지 생성AI로 대체 가능
2위	사진작가 및 사진사	➡	현실 사진 촬영은 대체 불가· 사진 합성은 가능
3위	작가 및 관련 전문가	➡	챗GPT 등 텍스트 생성AI로 대체 가능
4위	지휘자·작곡가 및 연주가	➡	스플래시·무버트 등 음악 생성AI로 일부 대체 가능
5위	애니메이터 및 만화가	➡	달리2(Dall-E2)·미드저니·오픈아트 등 이미지 생성AI로 대체 가능

출처: 한국고용정보원

『기계와의 경쟁』이라는 책에서는 "리더십, 팀워크, 창의성 등의 소프트 역량 인공지능의 영향을 상대적으로 적게 받겠지만 전통적인 직업이나 업무에 매몰된 사람들은 인공지능이나 기계에 의해 쉽게 대체될 가능성이 높다"라고 말합니다.[3] 여러분들은 앞으로 인간과 인간의 경쟁이 아닌 인간과 기계의 경쟁에 원하든 원치 않든 자연스럽게 참여하게 될 수밖에 없는 것이죠.

그런데 이렇게 새로운 기술은 기존 직업에 변화를 만들어내겠지만, 또 새로운 기회를 만들 수도 있지 않을까요? 그래서 "새로운 기술은 새로운 기회를 만든다고 난 생각하는데, 넌 어떻게 생각해?"라고 챗GPT에게 질문을 했는데요, 새로운 일자리와 경제성장을 만들어낼 수도 있다고 답변합니다.

'새로운 기술과 새로운 기회'에 대한 챗GPT의 답변

새로운 기술은 새로운 기회를 만든다는 것은 맞습니다. 새로운 기술이 나타나면서, 기존의 산업에서는 변화와 혁신이 일어나고, 새로운 산업도 출현합니다. 이러한 변화와 혁신은 새로운 기회를 제공하며, 이를 기반으로 새로운 비즈니스 모델이나 서비스가 등장할 수 있습니다.

예를 들어, 스마트폰과 모바일 인터넷 기술의 발전으로 인해, 새로운 비즈니스 모델이 등장하고 있습니다. 모바일 앱 개발과 모바일 마케팅, 그리고 이에 따른 서비스 확장으로 인해 새로운 산업이 탄생하고, 새로운 일자리가 창출되었습니다.

또한, 인공지능 기술이 발전하면서, 많은 산업에서 인공지능 기술을 활용하여 새로운 비즈니스 모델이 등장하고 있습니다. 이러한 기술을 활용한 제품이나 서비스가 출시되면서, 소비자들은 더욱 편리하고 개인화된 서비스를 받을 수 있게 되었습니다.

이처럼 새로운 기술이 등장하면서, 이전에는 불가능하다고 생각되었던 새로운 기회들이 생기기 때문에, 이를 잘 파악하고 활용하는 것이 중요합니다. 새로운 기술에 대한 이해와 적극적인 도전으로, 새로운 비즈니스 모델이나 새로운 산업을 창출할 수 있으며, 이를 통해 새로운 일자리와 경제 성장을 이룰 수 있습니다.

"AI 같은 기술의 발달로 챗GPT가 나왔는데, 기술은 새로운 직업을 만들어낼 수 있다고 생각해?"라고 좀 더 구체적으로 챗GPT에게 질문했는데요, 그 결과 빅데이터 분석가, 로봇 개발자, VR·AR 디자이너 등 다양한 직업이 등장할 수 있다고 합니다. 이미 주변에서 보이기 시작하는 직업군들이죠.

'AI 기술과 새로운 직업'에 대한 챗GPT의 답변

AI와 같은 기술의 발전으로 새로운 직업이나 산업이 등장할 가능성은 매우 높습니다. 이전에는 없었던 새로운 기술이나 서비스가 등장함에 따라, 새로운 직업이나 산업이 발생하는 경우가 많았습니다.

AI와 같은 기술은 이미 다양한 산업에서 사용되고 있으며, 이를 토대로 새로운 직업이나 산업이 등장하고 있습니다. 예를 들어, AI 기술을 활용한 데이터 분석가나 빅데이터 분석가, 로봇 개발자, VR/AR 디자이너, 드론 조종사, 클라우드 엔지니어 등이 대표적인 예시입니다.

또한 AI와 같은 기술의 발전으로 인해, 기존의 직업에서도 새로운 전문성이 요구되는 경우가 있습니다. 예를 들어, 데이터 분석, 인공지능 개발, 자동화 등의 기술이 발전하면서, 기존의 직업에서도 이에 대한 전문 지식과 기술이 필요해지는 경우가 있습니다.

따라서 AI와 같은 기술의 발달로 새로운 직업이나 산업이 등장할 가능성이 높으며, 기존의 직업에서도 전문성이 요구되는 경우가 있을 것입니다. 이에 따라, 새로운 직업과 전문 지식을 갖춘 인재들이 더욱 필요해질 것으로 예상됩니다.

이처럼 AI가 모든 직업을 사라지게 하지는 않을 것입니다. 하지만 각 직업의 일하는 방식은 달라지겠죠. 인간이 모든 일을 하던 방식에서 벗어나 이제는 큰 틀의 방향만 설정하고 AI가 구현하는 것처럼요. 그림도 화가가 머릿속으로 생각한 것을 AI가 구현해주는 것처럼 말이죠. 카메라로 찍은 사진이 하나의 예술 작품으로 인정받는 것처럼 AI가 그린 그림이 인정받는 날이 오지 않을까요? 지금이야 사람들이 AI가 그린 그림에 익숙하지 않아서 거부감이 있겠지만요.

그뿐일까요? 아침마다 전국의 날씨를 알려주는 기상캐스터도 AI 버추얼 휴먼이 알려줄 날도 얼마 남지 않은 듯합니다. AI 버추얼 휴먼이 사람과의 공감대를 형성하게끔 인간이 가이드만 해준다면 가능하지 않을까요? AI가 수많은 날씨 데이터를 분석해서 그날의 날씨를 정확히 알려주고 인간은 그 분석 결과에 사람들이 가지고 있을 날씨에 대한 숨은 심리 혹은 감정을 파악하는 등 서로 역할 분담을 한다면 오히려 지금보다 더 좋은 '오늘의 날씨' 방송을 들을 수 있지 않을까요?

Chat GPT

흔히 말하는 '사'자 직업은 어떻게 될까요?

여전히 사람들은 '사'자 직업을 선호하는데요, 챗GPT처럼 AI가 빠르게 진화한다면 어떻게 될까요? 그때도 사람들은 의사, 변호사 등을 선호할까요?

챗GPT가 등장하면서 가장 많이 나온 기사 중 하나는 직업 이야기였습니다. 챗GPT가 미국 변호사, 의사 시험을 통과했다는 것이죠. 여러분은 어떻게 생각하나요?

2022년 11월 30일 출시된 GPT-3.5가 2023년 3월 14일 GPT-4로 업그레이드되었는데요, 기존에는 문장 인식 및 텍스트 생성밖에 안 되었지만 이미지 인식 및 분석 기능까지 추가되었다고 합니다. 더군다나 데이터 처리 가능량은 회당 2만 5,000단어로 기존 회당 3,000단어보다 8배 이상 많습니다.

이뿐인가요? GPT-3.5에서는 미 변호사 시험에서 213점을 맞아 상위 90%였지만, GPT-4에서는 298점을 획득해 상위 10%의 결과가 나왔다고 합니다. 이렇게 짧은 시간 내에 챗GPT의 성능이 계속 업그레이드된다면 정말 '사'자 직업이 사라지지 않을까요?

▶ GPT-3.5와 GPT-4

GPT-3.5		업그레이드 GPT / GPT-4	
출시	2022년 11월 30일	출시	2023년 3월 14일
기능	문장 인식 및 텍스트 생성	기능	• 문장 인식 및 텍스트 생성 • 이미지 인식 및 분석
대표 서비스	챗GPT, 빙(검색 엔진)	대표 서비스	챗GPT, 빙(검색 엔진), 이미지 분석 서비스 개발 중
데이터 처리 가능량	회당 3,000단어	데이터 처리 가능량	회당 2만 5,000단어
성능	• 미 변호사 시험 213점 (상위 90%) • SAT 수학 시험 590점 (상위 30%) • 미 생물학 올림피아드 43점 (상위 68%)	성능	• 미 변호사 시험 298점 (상위 10%) • SAT 수학 시험 700점 (상위 11%) • 미 생물학 올림피아드 87점 (상위 1%)

출처: 오픈AI[4]

사실 미 변호사 시험뿐만 아니라 SAT 수학 시험 또한 기존 590점으로 상위 30%였지만 700점으로 상위 11%, 미 생물학 올림피아드는 43점에 상위 68%였지만, 87점에 상위 1%의 결과를 얻었다고 합니다.

미국의 경제학자인 폴 크루그먼은 챗GPT의 이런 능력 때문인지 챗GPT가 "지식 근로자의 수요에 영향을 미칠 것"이라고 했습니다.[5] 실제로 저도 챗GPT를 써보면서 '정형화된 지식은 챗GPT가 금방 따라잡을 수 있겠구나'라는 생각을 했습니다. 앞으로는 정말 남들이 생각하지 않는, 혹은 남들이 생각했더라도 빠르게 실행하지 않으면 안 될 것 같다는 생각이 번뜩 들었습니다. 그럴 수밖에 없는 게 챗GPT가 지금보다 훨씬 더 많은 양의 지식을 습득한다면, 사람들은 챗GPT를 통해 정말 다양한 아이디어를 얻을 수 있고, 그 아이디어를 가지고 새로운 걸 보다 짧은 시간 안에 해낼 수 있기 때문이죠.

챗GPT는 이에 대해 어떤 답을 할지 궁금하지 않나요? 챗GPT에게 "의사, 검사, 회계사 등의 직업은 챗GPT로 인해 사라질까?"라고 질문했는데요, 어떤 답변을 했는지 보겠습니다.

 '챗GPT 이후 의사 등이 사라질까?'에 대한 챗GPT의 답변

챗GPT와 같은 인공지능 기술은 현재는 상당히 발전하고 있지만, 여전히 인간의 지적 능력과 판단력을 대체할 정도로 완벽하지는 않습니다. 따라서 의사, 검사, 회계사 등과 같은 직업은 챗GPT와 같은 기술로 인해 완전히 사라지지는 않을 것입니다.

그러나 챗GPT와 같은 기술은 이미 일부 분야에서 인간의 역할을 대체하는 데에 성공했으며, 앞으로도 더 많은 분야에서 활용될 것으로 예상됩니다. 예를 들어, 의료 분야에서는 이미 인공지능 기술을 활용한 의료 진단과 치료가 이루어지고 있으며, 챗GPT와 같은 기술도 의료 분야에서 활용될 가능성이 있습니다.

하지만 인간의 판단력과 능력은 여전히 중요하며, 특히 사람과 사람 사이의 인간적인 소통과 상호작용, 그리고 창의성과 창조성 등은 인공지능이 대체할 수 없는 영역이라고 할 수 있습니다. 따라서 의사, 검사, 회계사 등과 같은 직업은 챗GPT와 같은 기술의 발전에도 여전히 중요한 역할을 수행할 것으로 예상됩니다.

챗GPT는 "AI 기술이 발달하고 있지만 아직까지는 인간의 능력을 넘어설 수 없다"는 겸손한 답변을 했습니다. 사람의 창의성뿐만 아니라 상황에 대한 판단력은 여전히 중요하다는 것이죠. 각 직업에 대해 챗GPT가 정말 어떤 생각을 갖고 있는지 알아보기 위해 "의사, 검사(prosecutor), 회계사 등의 직업은 챗GPT로 인해 사라질까? 각각에 대해 말해줘"라고 물어봤습니다.

의사의 경우, 의사와 환자 간의 신뢰라는 문제가 있어서 AI가 대체할 수 없다고 합니다. 검사는 법률의 의미를 파악하는 것 외에도 인간의 감정을 파악해야 한다고 합니다. 회계사 또한 인간의 전략적 판단과 결정이 중요하기 때문에 AI로 완전히 대체되기 어렵다고 말합니다.

챗GPT가 위와 같은 답변을 해줬지만, 미래 AI가 어디까지 발전할지 모르는 상황에서는 어떤 직업이든 AI에 따른 직업 상실의 위기에 처할 수 있습니다. 감정의 영역에까지 AI의 역할이 확대된다면 말이죠.

'챗GPT 이후 의사 등이 사라질까?'에 대한 챗GPT의 추가 답변

의사, 검사(prosecutor), 회계사 등의 직업은 인간의 전문적인 지식과 능력이 필요한 직업으로, 챗GPT와 같은 인공지능 기술이 완전히 대체하는 것은 어렵습니다.

1. 의사: 인공지능 기술은 이미 의료 분야에서도 사용되고 있지만, 의사는 환자의 증상과 진단을 결정하는 것뿐만 아니라, 환자와의 소통, 의료 윤리 등 많은 측면에서 인간의 전문적인 능력과 판단력이 필요합니다. 따라서, 의사는 챗GPT와 같은 인공지능 기술로 인해 완전히 대체되기는 어렵습니다.

2. 검사(prosecutor): 검사는 범죄 사건을 조사하고, 법률에 따라 공소를 제기하고 재판을 주도하는 역할을 수행합니다. 검사는 법률 및 범죄 분야에 대한 전문 지식과 판단력이 필요합니다. 또한, 법률의 의미를 파악하고, 인간 감정을 파악하여 판단하는 능력도 필요합니다. 따라서, 검사는 챗GPT와 같은 인공지능 기술로 인해 완전히 대체되기는 어렵습니다.

3. 회계사: 회계사는 기업의 재무 거래를 기록하고 분석하여 재무 보고서를 작성하는 전문 직업입니다. 인공지능 기술이 일부 회계 업무를 대체할 수 있지만, 여전히 기업의 성장 전략 및 금융 거래와 관련된 전략적인 판단과 결정은 여전히 인간의 전문 지식과 경험이 필요합니다. 또한, 회계 보고서의 내용을 이해하고 이를 분석하는 능력도 필요합니다. 따라서, 회계사는 챗GPT와 같은 인공지능 기술로 인해 완전히 대체되기는 어렵습니다.

요약하면, 의사, 검사, 회계사 등의 전문적인 지식과 능력이 필요한 직업은 챗GPT와 같은 인공지능 기술로 인해 완전히 대체되기는 어렵습니다. 그러나, 기존의 업무 방식과는 달리, 인공지능 기술을 적극적으로 활용하고 전문적인 기술과 지식을 갖춘 인력이 더욱 필요해질 것입니다. 인공지능 기술은 해당 분야에서 지식을 제공하고 의사결정을 지원하는 등의 역할을 수행할 수 있지만, 인간의 직관과 경험, 소통 능력 등이 필요한 분야에서는 여전히 전문가의 역할이 중요합니다. 따라서, 의사, 검사, 회계사 등의 전문 직업은 챗GPT와 같은 인공지능 기술의 발전에도 여전히 필요한 직업 중 하나입니다.

여러분은 어떻게 생각하세요? 겸손한 챗GPT의 답변이 맞을까요, 틀릴까요? 사실 미래는 어떻게 될지 아무도 모르죠. 과거에도 기술은 계속 발전을 거듭했고 기술이 인간의 역할을 축소할 것이라는 주장이 나왔지만, 여전히 인간의 역할은 대체되지 않고 있습니다. 육체적인 측면만 조금씩 대체되고 있죠.

정말 영화에서처럼 AI가 인간의 감정을 이해하고 전략적 판단을 할 수 있을까요? 어떤 미래가 다가올지는 모르겠지만 분명한 건 '단순한 지식을 활용한 직업이 사라질 수밖에 없다'는 사실입니다. 앞으로 어떤 직업이 AI로 대체되지 않으려면 그 직업에는 인간만이 가지고 있는 고유의 역할이 있어야겠죠.

챗GPT는 창의적인 작가가
될 수 있을까요?

챗GPT가 의사, 변호사, 회계사 등의 '사'자 직업을 위협할 수 있다는 이야기를 앞서 했는데요, 창의적인 역할을 하는 작가는 어떨까요? 결론부터 말하면 챗GPT가 작가의 역할을 완전히 대체하기는 어렵습니다. 사람들은 AI가 작가처럼 글을 쓰는 모습에 놀라고는 있지만 아직까지 사람에게 감동을 줄 만큼의 글은 아니기 때문이죠.

그래도 챗GPT를 처음 접한다면 챗GPT의 글쓰기 실력에 놀라신 할 것입니다. 나보다 더 잘 쓴다는 생각이 들어서죠. 『사피엔스』의 작가 유발 하라리 또한 챗GPT의 능력을 보고 놀랐다고 하는데요, 유발 하라리는 챗GPT에게 『사피엔스』 출간 10주년 서론을 맡겼는데 "하라리처럼 쓰라"라는 명령을 놀랄 만큼 잘 이행했기 때문입니다. 유발 하라리는 챗GPT가 쓴 "글을 읽는 동안 충격으로 입을 다물지 못했다"고 합니다.[6]

챗GPT는 "미래에는 챗GPT 기자, 작가, 학자가 등장할 수 있을까?"라는 질문에, 그럴 가능성이 있다고 답변해줬습니다. 항상 답변은 겸손하게 완전한 대체는 불가능하다고 이야기했지만 충분히 가능하다는 뉘앙스로 대답합니다.

 '챗GPT 기자, 작가, 학자 등이 등장할까?'에 대한 챗GPT의 답변

미래에는 챗GPT 기술이 더욱 발전하여 인공지능 기자, 작가, 학자 등이 등장할 가능성이 있습니다. 이미 현재에도 챗봇을 활용한 자동응답 시스템이나, AI 작가 프로그램 등이 상용화되어 있는 실정입니다.

하지만 이러한 기술이 완벽하게 발전하여 인간 작가, 기자, 학자 등을 완전히 대체할 수 있는지는 불명확합니다. 인공지능 기술은 현재는 이미지, 음성, 언어 분야에서 매우 높은 성능을 보이고 있지만, 사회, 문화, 인간의 감정 등과 같이 인간적인 면모를 고려해야 하는 분야에서는 아직 한계가 존재합니다.

따라서 챗GPT와 같은 인공지능 기술이 발전하여 인공지능 기자, 작가, 학자 등이 등장할 수 있지만, 인간적인 요소를 고려하는 분야에서는 여전히 인간의 역할과 능력이 중요하게 유지될 것으로 예상됩니다. 또한 챗GPT와 같은 인공지능 기술이 발전하더라도, 그것이 인간을 대체하는 것이 아니라 보완하는 역할을 하게 될 가능성도 있습니다.

사실 국내에도 2023년 2월 『삶의 목적을 찾는 45가지 방법: 인간 출판 기획자와 챗GPT AI가 펴낸 최초의 책!』이라는 제목으로 챗GPT가 쓴 책이 출간되었습니다. 그뿐인가요? 뇌과학자인 KAIST 김대식 교수는 『챗GPT에게 묻는 인류의 미래: 김대식 교수와 생성인공지능과의 대화』라는 책을 출간했습니다. 과거에는 AI와의 대화를 어렵게만 느꼈었는데, 이제는 인간과 AI가 대화를 통해 책을 출간할 수 있을 정도가 된 것이죠.

단순 정보전달의 글은 이제 챗GPT로 대체될 가능성이 충분합니다. 예를 들어, 신문기자들이 쓰는 홍보용 기사나 단순 사건사고 기사는 앞으로 AI가 대신 작성할 수 있죠. 수많은 데이터 속에 숨어 있는 정보를 요약하는 능력은 웬만한 인간만큼이나 챗GPT가 잘할 수 있는 분야이기 때문입니다.

그런데 MIT 명예교수인 언어학자 노엄 촘스키는 "챗GPT는 첨단 기술 표절 시스템"이라고 말하기도 했죠. 그만큼 뛰어난 짜깁기 시스템에 불과하다는 것이죠. 특히 "천문학적인 양의 데이터와 규칙성, 문자열 등에 기반해 문장을 만들 뿐, 언어, 인지, 인간 이해와 관련해서 가치가 없다"고 그는 말했습니다.[7]

여러분은 어떻게 생각하나요? 정말 우리가 흔히 이야기하는 빅데이터를 활용해 글을 쓰는 것이 짜깁기라고 생각하나요? 아니면 그것 또한 인간이 하기 어려운 작업 중 하나이기 때문에, 충분히 가치 있다고 보나요?

이에 대해 챗GPT는 스스로 어떻게 생각할까요? "챗GPT 네가 작성하는 글은 수많은 데이터 속의 문장을 짜깁기한 건데 네 스스로 그 글이 가치가 있는 거라고 생각해?"라고 질문을 해봤습니다.

 '너의 글은 짜깁기 아니냐?'에 대한 챗GPT의 답변

챗GPT는 인공지능 모델로써, 수 많은 데이터를 학습하고 생성된 문장을 제공합니다. 그러나 이러한 모델이 생성한 문장에는 항상 인간의 판단이나 개입이 필요합니다. 따라서 챗GPT가 생성한 문장에 대해 완전히 의존하지 않고, 적절한 판단과 수정을 거쳐 쓰는 것이 중요합니다.
그리고 제가 작성한 글이 가치 있는지 여부는 판독자의 주관적인 판단에 달려있습니다. 그러나 제가 작성한 글이 적어도 판독자에게 도움이 되거나, 정보나 아이디어를 제공한다면, 그 자체로 가치 있는 글이 될 수 있습니다. 따라서 저는 항상 노력해서 적절한 정보와 분석을 담은 글을 쓰고자 하며, 독자들에게 유익하고 가치있는 정보를 전달하고자 노력하고 있습니다.

챗GPT는 자신이 만들어낸 글에 대해 적절히 수정해서 쓰는 것이 필요하다고 말하면서도 가치 여부는 읽는 사람에 따라 다를 수 있다고 합니다. 어찌 보면 타당한 이야기죠. 유튜브만 보더라도 많은 사람들이 어떤 지식을 잘 정리해 말해주지만 그것이 잘 정리되었는지 여부와 상관없이 판단은 해당 채널을 보는 사람에 따라 다를 수 있습니다. 중요한 건 '그 정보가 맞냐 틀리냐'의 문제겠죠.

앞으로 챗GPT는 계속해서 발전할 텐데요, 챗GPT는 스스로 정말 창의적인 작가가 될 수 있다고 생각하고 있을까요? 챗GPT에게 "챗GPT, 앞으로 네가 계속해서 진화한다면 너는 사람처럼 창의적인 작가가 될 수 있다고 생각해?"라고 물어봤습니다.

 '너도 창의적인 작가가 될까?'에 대한 챗GPT의 답변

저는 챗GPT라는 기술적인 도구로써, 더욱 발전하여 다양한 분야에서 유용하게 활용될 수 있도록 노력할 것입니다. 그러나 창의성이나 문학적인 작성 능력을 가지는 인간 작가와 같은 수준까지 발전할 수 있을지에 대해서는 불확실합니다.

현재까지의 연구와 기술적인 발전으로 봤을 때, 저는 어떤 주제나 글쓰기 스타일에 따라서 자연스러운 문장을 생성할 수 있지만, 작품의 전체적인 컨셉이나 감정적인 요소, 인간적인 직관 등은 아직까지 제한적입니다. 따라서, 인간 작가와 동등한 창의성과 문학적인 작성 능력을 가지는 것은 아직까지는 쉽지 않은 일일 것입니다.

그러나 이러한 기술의 발전과 함께, 인공지능과 인간의 협력으로써 새로운 형태의 문학작품이나 창의적인 작품이 나올 수도 있을 것입니다. 따라서 챗GPT와 같은 인공지능 기술이 창의성과 문학적인 작성 능력을 가진 인간 작가들에게 도움이 되고, 작가들이 자신의 작업을 보완하는 데 도움을 줄 수 있다는 점에서 중요한 역할을 할 것으로 예상됩니다.

챗GPT는 아직은 제한적인 역할만 수행 가능하다고 대답하네요. 하지만 인간들이 작업할 때 좋은 동반자가 될 수 있다고 말합니다.

챗GPT가 어디까지 진화를 하든, 결국 인간이 기술에 종속되지 않는 게 어떻게 보면 더 중요할 거란 생각이 드네요. 결국 챗GPT에게 명령을 하는 것은 사람이고, 기술과 인간에 대한 이런 논쟁은 항상 있어왔으니까요.

Chat GPT

이제는 AI가
그림도 그릴 수 있을까요?

챗GPT는 앞서 이야기한 것처럼 글쓰기 능력이 탁월합니다. 챗GPT 같은 생성AI로 이미지 생성AI가 있는데요, 이런 AI에는 달리(DALL-E), 미드저니(Midjourney), 스테이블 디퓨전(Stable Diffusion), MS Bing의 이미지 크리에이터(Image Creator) 등이 있습니다. 만약 십대인 여러분이 디자이너가 되고 싶다면, 이런 이미지 생성AI를 통해 지금이라도 내가 생각하는 이미지를 바로 만들 수가 있겠죠.

저는 판다를 좋아하는데, 케이크를 만드는 판다 로고를 만들고 싶다고 생각해볼까요?

▶ MS Bing의 이미지 크리에이터

출처: bing.com/create

그러면 원래 하얀 종이에 판다의 모습을 그려야 하는 어려운 과정을 거치죠. 게다가 그림을 잘 그리지 못한다면, 내가 원하는 모습을 잘 표현할 수도 없죠.

하지만 앞으로는 그렇게 하지 않아도 됩니다. 여러분이 원하는 모습 혹은 이미지만 잘 설명하면 되기 때문입니다. 그것도 아주 간략하게만요.

MS Bing의 이미지 크리에이터를 가지고 케이크를 만드는 판다 로고를 만든다면 어떻게 해야 하는지 알아보겠습니다. 먼저 빙 이미지 크리에이터(Bing Image Creator) 사이트에 들어가서 회원가입을 한 후 검색창처럼 생긴 곳에 영어로 원하는 이미지 모습을 작성하면 됩니다.

빙 이미지 크리에이터는 현재 영어밖에 지원하지 않기 때문에 한글로 원하는 모습을 작성한 후에 네이버 파파고나 구글 번역, 아니면 독일 번역기 딥엘을 활용하면 원하는 모습을 쉽게 영문으로 작성할 수 있습니다. 저는 주로 딥엘을 활용하는데요, 딥엘이 가장 자연스럽게 영작을 해주거나 번역해주기 때문입니다.

아래 그림처럼 케이크를 만드는 판다 로고를 'A panda logo making a cake'로 딥엘이 작성해줬습니다. 이 문장을 빙 이미지 크리에이터에 입력한 후에 잠시만 기다리면 원하는 로고를 볼 수 있습니다.

출처: 딥엘

오른쪽 페이지의 왼쪽 그림처럼 케이크를 만드는 판다 로고가 만들어졌죠. 저는 일단 만족할 만한 로고라고 생각되는데, 여러분이 보기엔 어떤가요? 이제는 그림 실력이 없다고 해도 걱정할 필요가 전혀 없습니다.

만약 빙 이미지 크리에이터가 만들어준 판다의 모습을 조금 더 귀엽게 만들고 싶다면 어떻게 하면 될까요? 'A cute panda logo

▶ 빙 이미지 크리에이터로 만든,
　 케이크를 만드는 판다 로고

▶ 빙 이미지 크리에이터로 만든,
　 케이크를 만드는 귀여운 판다 로고

출처: 빙 이미지 크리에이터

making a cake'라고 하면 되겠죠. 그냥 판다 로고보다는 더 귀여워졌습니다.

　이번에는 미드저니라는 이미지 생성AI를 활용한 이미지도 한번 볼까요? 다음은 일상에서 인터넷과 모바일 기기를 사용하는 MZ 세대의 모습 이미지를 만든 것입니다. 게임 캐릭터 같은 느낌이 조금 드는데, 여러분이 실제로 게임 캐릭터를 만들고 싶다면 미드저니를 이용해 만들어보면 좋겠죠. 미드저니를 이용한 이미지 생성 방법 또한 어렵지 않기 때문에 한번 경험해보면 좋을 것 같습니다.

▶ 미드저니가 만든, 일상에서 인터넷과 모바일 기기를 사용하는 MZ 세대의 모습

출처: 미드저니

만약 동일한 내용의 이미지를 빙 이미지 크리에이터로 만든다면 어떤 이미지가 나올까요? 오른쪽 페이지의 좌측 이미지는 "images of Gen MZ using the internet and mobile devices in real life"라고 입력한 반면, 우측은 "illustrations or photographic images of Gen MZ using the internet and mobile devices in real life"라고 입력한 이미지입니다.

단어 한두 개의 차이로 인해 그림이 많이 달라지죠. 그렇기 때문에 여러분이 원하는 이미지를 꼭 얻고 싶다면 다양한 단어를 넣어서 시도해보는 게 좋습니다.

▶ 단어 한두 개에 따라 달라지는 이미지 생성

출처: 빙 이미지 크리에이터

이렇게 AI가 그림도 그리고 디자인도 할 수 있다면 인간의 역할
은 뭐가 될지 궁금하죠. 챗GPT에게 "AI가 그림도 그릴 수 있게 되
면서 AI 화가가 등장하는데, 그러면 인간의 역할은 뭐가 될까?"라
고 질문했습니다. 그랬더니 챗GPT는 "인간은 창의적인 작업에 전
념하고 일반적인 작업은 인공지능이 하면 된다"고 말하네요. 한편
으론 "인간이 인공지능이 그린 그림을 평가하는 역할을 할 수 있
다"고도 말합니다.

 'AI 화가 등장 시 인간의 역할'에 대한 챗GPT의 답변

AI 기술이 발전하여 그림도 그릴 수 있게 되면서 AI 화가가 등장하게 된
다면, 인간의 역할은 크게 두 가지로 나뉠 수 있습니다.
첫째, 인간은 그림을 그리는 일을 AI에게 맡길 수 있기 때문에, 인간들은
더욱 창조적인 작업에 전념할 수 있게 될 것입니다. 인간은 창조적인 아

이디어를 발굴하고, AI가 제시한 그림을 바탕으로 창조적인 작업을 수행할 수 있을 것입니다. 또한 AI가 그림을 그리는 일을 맡아주면서, 인간은 다른 일에 더 많은 시간과 에너지를 투자할 수 있을 것입니다.

둘째, 인간의 역할은 AI 화가가 그린 그림을 평가하고 감정을 전달하는 것입니다. 인간은 예술 작품이 가진 감정적인 면모를 이해하고, 그것을 표현하는 데 능력을 발휘할 것입니다. 또한 인간은 AI 화가가 그린 그림을 평가하고, 그것을 다른 인간들과 공유하면서, 예술적 경험을 공유하고 논의할 수 있을 것입니다.

따라서 AI 기술이 발전하여 AI 화가가 등장하게 된다 하더라도, 인간의 창조적인 능력과 감정적인 지능은 여전히 중요하게 유지될 것입니다. 또한 인간과 AI는 서로 보완적인 역할을 수행하며, 예술 작품이 가진 감정적인 면모를 공유하고, 논의하며, 발전시키는 데에 협력할 것입니다.

어떻게 보면 그림을 그린다는 행위 그 자체에서의 인간의 역할은 줄어들지만 그림을 통해 나만의 창의적인 표현을 하는 측면은 강화되는 것이죠. 만약 이렇게 된다면 앞으로 여러분이 화가 혹은 디자이너가 되고 싶을 때 지금처럼 그림을 잘 그릴 필요가 없어질 것입니다. 오히려 남들이 생각하지 못하는 모습을 AI에게 그려달라고 하면 되니까요. 그게 새로운 화가나 디자이너의 차별화된 능력이겠죠.

이렇게 이미지 생성AI를 통해 나온 이미지는 누구의 소유일까요? 아직은 이와 관련된 법이 없다고 합니다. 현재의 법으로는 '인간의 사상 또는 감정을 표현한 창작물'만 저작권을 인정받을 수 있기 때문입니다. 그래서 한 변호사는 "AI 이미지에 대한 소유권, 복제권, 전시권 등 권리가 다양하게 있어 향후 법적으로 명확하게 확립될 필요가 있다"고 말합니다.[8] 대신 이미지 생성AI가 저작권이 있는 이미지를 학습한다면 문제가 될 수 있습니다. 그림 그 자체보다는 데이터 학습에서 문제가 발생하는 상황이 되어버린 것이죠.

Chat GPT

:

챗GPT 때문에
새롭게 생기는 직업도 있을까요?

챗GPT가 이슈화되면서 새로 생겨난 직업이 있는데요, 어떤 직업일 것 같나요? 바로 챗GPT에게 질문하는 업무를 중점적으로 하는 '프롬프트 엔지니어(Prompt Engineer)'입니다. 프롬프트와 엔지니어란 단어가 모두 생소하죠. 프롬프트는 지시 메시지로, 간단히 말해 '명령어'를 뜻합니다. 프롬프트 엔지니어는 '챗GPT 명령어를 연구하는 직업'이라고 보면 됩니다.

챗GPT가 말하는 프롬프트 엔지니어에 대해 들어볼까요? 챗GPT에게 다음과 같이 질문을 했습니다.

프롬프트 엔지니어에 대해 알려줘.

– 어떤 직업이고 어떤 업무를 하는지 구체적으로 알려줘.

– 실제 업무 사례를 3개 이상 제시해줘.

 '프롬프트 엔지니어'에 대한 챗GPT의 답변

프롬프트 엔지니어는 대화형 인공지능 챗봇의 개발을 전문으로 하는 직업입니다. 이들은 대화형 인공지능 모델을 만들기 위한 데이터 수집, 모델 학습, 대화 로직 개발 등 다양한 업무를 수행합니다.

구체적으로는 다음과 같은 업무를 수행합니다:

1. 대화 데이터 수집 및 전처리
2. 인공지능 모델 학습 및 평가
3. 대화 로직 설계 및 개발
4. 대화 디자인 및 스토리보드 작성
5. 플랫폼 통합 및 테스트

프롬프트 엔지니어는 인공지능 모델을 개발하는 동안 다양한 산업군에서 활용됩니다. 일부 예시를 살펴보면 다음과 같습니다:

1. 은행 및 금융 분야 – 은행에서 고객에게 자동으로 대화형 은행 서비스를 제공하는 챗봇 개발
2. 전자 상거래 – 대화형 쇼핑 어시스턴트를 이용하여 고객들의 쇼핑 경험 개선
3. 의료 분야 – 환자들과 대화하여 진단, 예방 및 치료에 대한 정보를 제공하는 의료 챗봇 개발

실제 프롬프트 엔지니어가 수행하는 작업은 프로젝트별로 상이합니다. 하지만 몇 가지 예를 들어 보겠습니다:

예시 1: 은행에서 고객 대상으로 챗봇 서비스를 제공하기 위해, 프롬프트 엔지니어는 다양한 고객 대화 데이터를 수집하고 전처리

합니다. 그 다음, 인공지능 모델을 학습하고 대화 로직을 개발하여 최종적으로 은행 고객이 쉽고 빠르게 문제를 해결할 수 있는 인공지능 챗봇을 개발합니다.

예시 2: 전자 상거래 회사에서, 프롬프트 엔지니어는 고객 대화 데이터를 수집하고 전처리하여 인공지능 모델을 학습합니다. 그 다음, 쇼핑 어시스턴트 기능을 개발하여 고객이 자신이 찾는 제품을 더 쉽게 찾을 수 있도록 합니다. 예를 들어, 고객이 신발을 찾을 때, 챗봇은 고객의 취향과 사이즈에 맞는 제품을 추천해줄 수 있습니다.

예시 3: 의료 분야에서, 프롬프트 엔지니어는 환자 대화 데이터를 수집하고 전처리하여 인공지능 모델을 학습합니다. 그 다음, 환자가 증상을 설명하면 해당 증상에 대한 진단 및 치료 방법을 제공하는 의료 챗봇을 개발합니다. 이를 통해, 환자는 전문가의 진단을 받기 전에 자신의 증상에 대한 정보를 얻을 수 있습니다.

최근 한 스타트업이 프롬프트 엔지니어 채용공고를 냈는데 그게 큰 화제가 되었던 일이 있습니다. 그 이유는 '연봉 최대 1억 원, 코딩 실력 무관'이란 문구 때문이었습니다. AI와 관련된 직업 같은데, 코딩을 못해도 되고 게다가 연봉 1억 원이라니 사람들이 놀랄 만하죠.

해당 공고는 AI 솔루션 업체인 '뤼튼테크놀로지스'의 채용공고였는데요, 이미 해외에서는 프롬프트 엔지니어 채용공고가 활발히 이루어지고 있습니다. 미국의 AI 스타트업인 앤스로픽은 최대 33만 5,000달러의 연봉을 제시했죠. 대단한 액수입니다. 영국의 대형

로펌인 미시콘 데 레야는 법률 프롬프트 엔지니어를 채용하고 있습니다. 간단히 생각하면 질문하는 직업에 이 정도의 가치가 있나 싶은 생각이 들 정도죠.

게다가 해외에서는 명령어 거래 사이트인 '프롬프트베이스'도 있는데, 이 사이트에서는 약 2~7달러에 명령어가 판매되고 있다고 합니다. 예를 들어, 작은 옷을 입은 여성 경찰과 관련된 단어는 1.99달러, '당신

▶ 뤼튼테크놀로지스의 프롬프트 엔지니어 채용 공고

출처: 뤼튼테크놀로지스

의 꿈을 예술로 그려라'라는 주제의 단어는 5달러에 판매되고 있다고 합니다.[9] 프롬프트베이스 설립자 벤 스토크스는 2만 5,000명 이상이 2021년부터 지금까지 프롬프트를 사고팔았다고 합니다.

뤼튼테크놀로지스의 업무를 보면 '프롬프트 제작, 테스트, 문서화'라고 적혀 있습니다. 이를 통해 모범 사례를 구축하는 업무죠. 어떤 내용을 알고 싶을 때, 사람마다 질문의 내용이 다르기 때문에 이를 표준화하는 게 필요합니다. 챗GPT가 어떤 문장 구조와 단어를 사용할 때 사용자가 원하는 가장 정확한 답변을 할 수 있는지 궁금하지 않나요? 매번 학습 내용에 따라 다르지만 이를 템플릿처럼 만들어놓는다면 편하겠죠.

▶ 뤼튼테크놀로지스의 프롬프트 엔지니어 세부 업무

뤼튼 Prompt Engineer는 이런 업무를 해요! 🔥
- 뤼튼 서비스에 사용되는 다양한 목적의 **프롬프트를 제작**하고, **테스트**하고, **문서화**합니다.
- 다양한 생성 인공지능 모델을 **프롬프트 관점에서 분석하고 정리**합니다.
- 새로운 생성 인공지능 모델에 대하여 빠른 시간 안에 **프롬프트 모범 사례를 구축**합니다.

이런 분을 찾고 있어요. 👀
- **Generative AI**에 대한 관심이 누구보다 많으신 분
- 세상에 없던 문제를 풀어나가는 것을 재밌어 하고, 창의적인 생각을 자주 하시는 분
- 생성 인공지능의 특성과 한계를 이해하고, 이를 프롬프트에 적용할 수 있는 분
- 인공지능을 잘 이해하고 안전하게 사용할 수 있으신 분

아래와 같은 경험이 있다면 더 좋아요. 🙌
- 다양한 생성 인공지능 모델(GPT-3, ChatGPT, CLOVA, DALL-E, Stable Diffusion 등)의 **프롬프트 엔지니어링 경험**을 가지신 분
- **생성 인공지능 플레이그라운드 또는 API, ChatGPT 익스텐션** 중 하나 이상의 사용에 능숙하신 분
- 범용적으로 쓰일 수 있는 **프롬프트 기법을 적용**할 수 있는 분 (예: 예제 선택 전략 / Chain-of-thought 등)

출처: 뤼튼테크놀로지스

이렇게까지 채용이 필요한 업무라고 생각되지 않나요? 그런데 여러분도 챗GPT를 사용해보면 생각보다 질문하는 게 쉽지 않다는 걸 느낄 것입니다. 무작정 질문한다고 해서 내가 원하는 답을 찾을 수 있는 것도 아니죠. 챗GPT가 똑똑하긴 하지만 그냥 질문한다고 해서 여러분에게 척척박사처럼 답을 주진 않습니다. 그러니 여러분이 챗GPT가 잘 이해할 수 있게, 명확하게, 구체적으로 질문을 해야 합니다.

사람 간의 대화에서는 질문이 조금 다른 방향으로 되어도 맥락을 파악해 질문을 이해하지만 챗GPT는 그러지 못하죠. 아직까지는 말 그대로 기계이기 때문입니다.

챗GPT도 학습을 하지만 사람처럼 질문의 전후 맥락을 파악하

기가 어렵고, 명령어 그대로만 이해하므로 가능한 한 친절히 알려 줘야 하죠. 그래서 프롬프트 엔지니어를 AI 조련사 혹은 AI 훈련사라고도 이야기합니다. 마치 강아지를 훈련시켜 대소변을 가리게 하는 것처럼 말이죠.

실제로 질문에 따라 내용이 어떻게 달라지는지 볼까요? 챗GPT에게 "동화 한 편 만들어줘"라고 질문해봤습니다. 그러자 챗GPT가 어린 공주에 대한 이야기를 만들어줬습니다.

 챗GPT가 집필한 동화

한 번에 왕국의 어린 공주가 있다고 해보겠습니다.

옛날 옛적 어느 왕국에 어린 공주가 살고 있었습니다. 공주는 아름답고 영리하며, 모두가 사랑하는 공주였습니다. 그러나, 공주는 언제나 외로움과 지루함에 시달렸습니다. 왜냐하면, 그녀는 항상 왕과 왕비 그리고 궁중 신하들과 함께 있어야 했기 때문입니다.

어느 날, 공주는 궁정의 뒷마당에서 새를 보게 되었습니다. 새는 아름답고 자유로웠으며, 그것을 보는 순간 공주는 놀라움에 사로잡혔습니다. 그리고, 새가 어떻게 자유롭게 날아다닐 수 있는지에 대한 호기심과 존경심이 공주의 마음속에 자라나기 시작했습니다.

그 이후, 공주는 새들과 친구가 되었고, 그들과 함께 놀아주며 즐거운 시간을 보내기 시작했습니다. 그리고, 그녀는 새들의 노래와 춤을 배우며, 자유로움과 모험을 경험할 수 있었습니다.

그러나, 공주의 아버지 왕은 그녀의 변화를 눈치채고, 공주를 다시 궁중으로 가두어야 한다고 생각했습니다. 그리고, 공주는 다시 왕과 왕비, 그리고 궁중 신하들과 함께 있는 일상으로 돌아가야 했습니다.

하지만, 공주는 이미 새들과 함께한 경험으로 인해 변화하였습니다. 그녀는 더 이상 궁중의 규칙들에 맞춰져 있지 않았고, 자유롭고 모험을 추구하는 삶을 살고 싶었습니다. 그리고, 공주는 마침내 자신의 운명을 따르기로 결심했습니다.

그리하여, 공주는 새들과 함께 왕국 밖으로 나가 모험을 떠납니다. 그리고, 그녀는 많은 어려움과 위험을 겪으며 성장하고, 최종적으로는 자신의 삶을 만족스럽게 살 수 있게 되었습니다.

이것은 자유와 모험을 추구하며 자신의 운명을 따르는 공주의 이야기입니다. 공주는 새들과 함께 여행하며 많은 경험을 쌓았습니다. 그리고, 그녀는 자신이 원하는 삶을 찾아가기 위해 어려움을 극복하였습니다.

하지만, 그녀가 여행 중에도 언제나 그리움이 있었습니다. 그리움은 왕국에 있는 모든 사람들과 다시 만나고, 그들과 함께 행복한 시간을 보내고 싶다는 것이었습니다. 그리고, 공주는 마침내 자신이 가진 장점과 능력을 활용하여 왕국에 돌아가서 모두를 돕는 일을 하기로 결심합니다.

그리하여, 공주는 여행에서 배운 것들을 활용하여 왕국의 문제들을 해결하고, 모든 사람들이 행복하게 살 수 있도록 노력합니다. 그녀는 자신의 삶을 살아가는 동시에, 다른 사람들의 삶을 변화시키는 영향력을 가지게 되었습니다.

결국, 그녀는 새로운 시대를 열어가는 영웅으로 자리 잡게 되었습니다. 그리고, 그녀의 용기와 열정은 많은 사람들에게 영감을 주었습니다.

자, 이번에는 "초등학생 아이들에게 적합한 동화 한 편을 만들어줘"라고 요청해볼까요? 이번에는 숲속에 사는 작은 동물에 대한 이야기를 만들어줬습니다.

챗GPT가 집필한 초등학생용 동화

숲에 사는 작은 동물들의 이야기를 담은 동화를 만들어보겠습니다.

한 숲에는 까치, 다람쥐, 토끼, 고슴도치, 개구리 등 다양한 작은 동물들이 살고 있었습니다. 이들은 서로 다른 생각과 성격을 가지고 있었지만, 서로를 존중하며 함께 지냈습니다.

어느 날, 숲을 지키는 나무 정령이 그들에게 나무를 보호하는 중요성을 알리며 나무를 지켜야 한다고 경고했습니다. 그러나, 이들은 모두 자신들이 사는 숲을 잘 지키고 있다고 생각했습니다.

하지만, 숲을 지키는 일은 생각보다 쉽지 않았습니다. 작은 동물들은 각자의 일과 생활에 바빠져 나무를 지키는 일을 소홀히 했고, 어느 날씨 그들이 기쁘게 지냈던 숲은 대나무와 나무들이 참나무벌레에게 피해를 입었습니다.

작은 동물들은 나무가 생각보다 중요한 존재임을 깨달았고, 서로 나무를 지켜야 한다는 것을 깨달았습니다. 그리하여, 다시 한 번 모두가 모여 나무를 지키는 방법을 찾기로 결심합니다.

각자가 가진 장점을 활용하여, 토끼는 나무 주변의 풀을 잘라서 피해를 막고, 고슴도치는 참나무벌레를 잡아서 피해를 예방하고, 까치는 다른 새들을 모아 경고 메시지를 전달하는 등 나무를 지키기 위해 다양한 방법을 시도합니다.

그리하여, 작은 동물들은 서로 돕고 협력하여 나무를 지키는 데 성공합니다. 그리고, 그들의 노력 덕분에 숲은 다시 웃음을 되찾게 되었습니다.

이 동화에서는 작은 동물들의 우정과 협력, 그리고 나무를 지켜야 하는 중요성을 다루고 있습니다. 이를 통해 초등학생 아이들은 자신의 삶에서도 우정과 협력이 얼마나 중요한 역할을 하는지 배울 수 있습니다.

이번에는 "성인들이 읽어볼 만한 동화 한 편을 만들어줘"라고 했습니다. 앞의 초등학생 동화는 우정과 협력이란 주제를 다뤘다면, 성인 동화는 용기, 자신감, 자신의 운명을 개척하는 내용을 담고 있습니다.

 챗GPT가 집필한 성인용 동화

한때는 대담하고 용감한 모험을 추구했지만 이젠 지루한 일상에 시달리는 남자가 주인공인 동화를 만들어보겠습니다.

그의 이름은 알렉스였습니다. 그는 어릴 적에는 대담한 모험을 추구하는 용감한 소년이었지만, 지금은 자신의 일상에 지쳐 무기력한 삶을 살고 있습니다.

그러던 어느 날, 알렉스는 마을 밖에 있는 마법의 숲에서 희귀한 식물을 발견했습니다. 이 식물은 그가 만난 누구도 알지 못한 힘이 있었고, 알렉스는 이 식물을 마을에 가져와 누구든지 행운을 불러올 수 있다는 소문을 들었습니다.

하지만, 마을 사람들은 알렉스의 이야기를 믿지 않았습니다. 그들은 알렉스를 위협하고, 그가 마을을 위험에 빠뜨릴 것이라고 경고했습니다. 그래서, 알렉스는 마을에서 배척을 받고 외로운 삶을 살았습니다.

그러나, 알렉스는 여전히 그 식물이 자신의 삶을 바꿀 수 있다고 믿었습니다. 그래서, 그는 다시 마법의 숲으로 돌아가 그 식물을 찾기로 결심합니다. 이번에는 자신이 살고 있는 현실에서 벗어나, 다시 모험을 추구하며 위험과 난관을 극복하면서 숲으로 향합니다.

그리고, 마침내 그는 그 식물을 찾아냅니다. 이 식물을 통해 그는 자신의 용기와 자신감을 되찾고, 마을에 돌아와서 이 식물을 공유합니다. 마을 사람들은 이 식물이 그들에게 불러온 행운에 놀라며 알렉스를 칭찬합니다. 알렉스는 자신이 이룬 것에 대해 자부심을 느끼며, 다시 자신의 인생을 살아나갈 용기와 자신감을 얻습니다. 그는 모험을 추구하며 자신이 원하는 삶을 찾아갈 수 있게 되었습니다.

이 동화에서는 용기와 자신감, 자신의 운명을 찾는 것에 대한 이야기를 담고 있습니다. 이를 통해 성인들은 자신의 삶에서 현재 느끼는 지루함과 무기력함에 대해 다시 한 번 생각해보게 될 수 있습니다.
알렉스는 자신이 찾은 식물을 통해 자신의 용기와 자신감을 되찾았습니다. 이를 통해, 성인들은 자신이 원하는 삶을 살아갈 수 있도록 자신에게 필요한 용기와 자신감을 찾아내는 방법을 배울 수 있습니다.
그리고, 이 동화는 또한 마을 사람들의 편견과 배척에 대한 이야기도 담고 있습니다. 마을 사람들은 알렉스를 위협하고, 그가 마을을 위험에 빠뜨릴 것이라고 경고합니다. 하지만, 알렉스는 자신의 목표를 위해 계속해서 노력하며, 마침내 성공을 이루게 됩니다.
이를 통해, 성인들은 다른 사람들의 편견과 배척에 대한 인식을 바꾸며 자신만의 길을 찾아가는 용기를 갖게 될 수 있습니다. 이 동화는 우리에게 여러 가지 가르침을 전달하며, 우리의 인생에 긍정적인 영향을 미칠 수 있습니다.

앞의 이야기에 대해 챗GPT에게 꼬리질문을 해 "앞의 성인 대상의 동화에 다양한 캐릭터를 등장시켜 이야기를 다시 만들어줘"라고 요청해봤습니다. 챗GPT의 답변에도 언급되어 있지만 마법사, 치유사, 마을 사람들과 같은 다양한 캐릭터가 등장하는 이야기가 만들어졌습니다.

네, 다양한 캐릭터를 등장시켜 이야기를 다시 만들어보겠습니다.

한때는 대담하고 용감한 모험을 추구했지만 이젠 지루한 일상에 시달리는 남자가 주인공인 동화를 만들어보았습니다. 이제 이야기에 다양한 캐릭터들이 등장합니다.

그의 이름은 알렉스였습니다. 그는 어릴 적에는 대담한 모험을 추구하는 용감한 소년이었지만, 지금은 자신의 일상에 지쳐 무기력한 삶을 살고 있습니다.

그러던 어느 날, 알렉스는 마을 밖에 있는 마법의 숲에서 희귀한 식물을 발견했습니다. 이 식물은 그가 만난 누구도 알지 못한 힘이 있었고, 알렉스는 이 식물을 마을에 가져와 누구든지 행운을 불러올 수 있다는 소문을 들었습니다.

하지만, 마을 사람들은 알렉스의 이야기를 믿지 않았습니다. 그들은 알렉스를 위협하고, 그가 마을을 위험에 빠뜨릴 것이라고 경고했습니다. 그래서, 알렉스는 마을에서 배척을 받고 외로운 삶을 살았습니다.

그러나, 알렉스는 여전히 그 식물이 자신의 삶을 바꿀 수 있다고 믿었습니다. 그래서, 그는 다시 마법의 숲으로 돌아가 그 식물을 찾기로 결심합니다.

이제 이야기에 다양한 캐릭터들이 등장합니다. 그 중 첫 번째로, 알렉스는 마법의 숲에서 식물을 찾는 도중, 마법사가 등장합니다. 이 마법사는 알렉스에게 마법의 지팡이를 주며, 그가 마을을 위험에 빠뜨릴 수 있다는 걱정을 하면서도 알렉스를 지지합니다.

그리고, 알렉스가 마을로 돌아가기 위해 숲을 나오면, 마을 사람들은 그를 저지합니다. 그때, 마을의 치유사가 등장합니다. 그녀는 마을 사람들의 걱정을 이해하며, 알렉스를 도와 마을을 위협하는 어떤 것도 없다는 것을 입증합니다.

마침내 알렉스는 식물을 찾아내고 마을에 돌아옵니다. 그리고 그는 마을 사람들을 설득하며, 함께 그 식물을 심으며 마을을 살리는데 성공합니다. 이를 통해 알렉스는 마을 사람들로부터 받았던 배척과 편견을 극복하며, 마을에 다시 적합하게 살아갈 수 있게 되었습니다.

이 동화에서는 알렉스와 함께 마을의 다양한 인물들이 등장합니다. 마법사, 치유사, 마을 사람들과 같은 캐릭터들은 각자의 성격과 역할을 가지고 이야기를 채워나가며, 알렉스가 자신의 운명을 찾아가는 과정에서 그에게 조언과 도움을 주며 성장하는 모습을 보여줍니다.

이를 통해 성인들은 자신의 삶에서 현재 느끼는 지루함과 무기력함에 대해 다시 한 번 생각해보고, 자신이 원하는 삶을 살아가기 위해 필요한 용기와 자신감을 찾아내는 방법을 배울 수 있습니다. 또한, 마을 사람들의 편견과 배척에 대한 인식을 바꾸며 자신만의 길을 찾아가는 용기를 갖게 될 수도 있습니다.

어떤가요? 질문의 대상과 조건에 따라 내용이 달라지죠? 여러분이 다양한 조건을 넣을수록 더 다양한 이야기들이 만들어지겠죠. 예를 들어, 5명 이상의 등장인물이 있으면 좋겠어, 이야기를 조금 더 길게 만들어줘, 가을을 배경으로 한 이야기를 만들어줘, 위기를 극복하는 이야기를 만들어줘 등 다양한 질문을 해볼 수 있습니다.

그래서 이런 프롬프트 엔지니어는 다양한 질문을 만들어낼 수 있는 능력이 매우 중요합니다. 그게 대상을 보는 다양한 관점, 상상력이 될 수도 있겠죠. 뤼튼테크놀로지스는 "엔지니어라는 이름이 무색하게도 코딩(개발) 능력보다는 생성AI 사용 경험과 논리적,

언어적 관점에서 AI와 잘 대화할 수 있는 능력이 중요하다"고 이야기합니다.[10]

챗GPT에게 "프롬프트 엔지니어가 되기 위해 필요한 역량을 구체적으로 알려줘. 왜 필요한지도"라고 질문을 했습니다. 그 결과 프로그래밍과 관련된 역량 외에도 대화 디자인 및 스토리텔링에 대한 이해, 창의적 사고와 문제해결능력, 커뮤니케이션 및 협업 능력 등을 제시했는데요, 공학적 사고보다 때론 인문학적 사고가 더 필요한 직업 같습니다.

 '프롬프트 엔지니어의 필수 역량'에 대한 챗GPT의 답변

1. 자연어 처리(Natural Language Processing, NLP) 기술에 대한 이해: 대화형 인공지능 모델을 개발하기 위해서는 자연어 처리 기술에 대한 이해가 필수적입니다. 이를 위해, NLP의 기본 개념 및 기술적인 측면에 대한 이해가 필요합니다.
2. 프로그래밍 언어 및 프레임워크에 대한 이해: 프롬프트 엔지니어는 대화형 인공지능 모델을 개발하기 위해 프로그래밍 언어 및 프레임워크를 사용합니다. 따라서, 프로그래밍 언어와 프레임워크에 대한 이해가 필요합니다.
3. 데이터 분석 및 기계학습에 대한 이해: 프롬프트 엔지니어는 인공지능 모델 학습을 위해 데이터 분석 및 기계학습 기술을 사용합니다. 따라서, 데이터 분석 및 기계학습에 대한 이해가 필수적입니다.
4. 대화 디자인 및 스토리텔링에 대한 이해: 프롬프트 엔지니어는 대화형 인공지능 모델의 대화 디자인과 스토리텔링에 대한 이

해가 필요합니다. 이를 위해, 대화 디자인과 스토리텔링에 대한 이해와 관련된 기술과 지식이 필요합니다.

5. 창의적 사고와 문제 해결 능력: 프롬프트 엔지니어는 대화형 인공지능 모델의 개발 과정에서 문제를 해결하고 창의적인 아이디어를 제공해야 합니다. 따라서, 창의적 사고와 문제 해결 능력이 필수적입니다.

6. 커뮤니케이션 및 협업 능력: 프롬프트 엔지니어는 대화형 인공지능 모델 개발 과정에서 다른 전문가들과 협업해야 합니다. 따라서, 효과적인 커뮤니케이션 및 협업 능력이 필요합니다.

7. 지속적인 학습과 업데이트에 대한 태도: 인공지능 기술은 지속적으로 발전하고 업데이트됩니다. 따라서, 프롬프트 엔지니어는 지속적인 학습과 업데이트에 대한 태도가 필요합니다. 새로운 기술이나 도구를 적극적으로 습득하고, 업계 동향을 파악하며 지속적인 개발 및 학습에 대한 의지를 가져야 합니다.

챗GPT가 말하는
'시 AI 시대 유망 직업 10선'

프롬프트 엔지니어란 직업에 대해 앞에서 알아봤는데요, 앞으로 챗GPT 같은 생성AI가 일상으로 더 깊숙이 들어왔을 때 어떤 직업들이 유망한지 살펴보겠습니다.

챗GPT에게 어떤 직업이 지금의 십대들에게 유망하다고 생각하는지 질문해봤습니다. "챗GPT 같은 생성형 AI의 등장에 따라 2040년에 등장할 미래 유망 직업 20개를 알려줘: 직업에 대한 간단한 설명 제시와 함께"라고 물어봤는데, 그 결과 챗GPT는 AI 윤리 전문가부터 인공 식물 디자이너까지 다양한 직업을 제시해줬습니다.

1. AI 윤리 전문가: AI 시스템이 윤리적인 측면에서 적절하게 작동 하도록 지도하는 전문가입니다.

2. 가상 경험 디자이너: 가상/증강 현실의 경험을 디자인하고 개 발하는 전문가입니다.

3. 로봇 지능 엔지니어: 로봇이 환경과 상호작용하고 문제를 해결 할 수 있도록 개발하는 전문가입니다.

4. 유전자 편집 전문가: 유전자 편집 기술을 이용하여 질병을 예방 하거나 치료하는 전문가입니다.

5. 환경 데이터 분석가: 환경 데이터를 수집하고 분석하여 환경 보 호 및 에너지 효율성을 향상시키는 전문가입니다.

6. 블록체인 개발자: 블록체인 기술을 이용하여 보안성이 높은 애 플리케이션을 개발하는 전문가입니다.

7. 사이버 보안 분석가: 사이버 공격을 예방하고 대응하기 위한 보 안 전문가입니다.

8. 3D 프린팅 엔지니어: 3D 프린팅 기술을 이용하여 제품을 설계 하고 생산하는 전문가입니다.

9. 식품 과학자: 건강한 식생활을 위한 안전하고 영양가 높은 식품 을 개발하는 전문가입니다.

10. 신경 과학자: 인간 뇌와 신경계를 연구하여 인간 행동 및 감정 을 이해하는 전문가입니다.

11. 에너지 저장 기술 개발자: 에너지 저장 기술을 개발하여 재생 에너지의 효율적인 저장 및 공급을 지원하는 전문가입니다.

12. 가상 경영 컨설턴트: 가상 공간에서 기업의 경영 전략과 프로 세스를 개선하는 전문가입니다.

13. 로봇 윤리 전문가: 로봇의 사용과 관련하여 윤리적 문제를 해 결하는 전문가입니다.

챗GPT로 사라지는 직업과 새로 생기는 직업

14. 산업 디자이너: 제품과 서비스의 사용자 경험을 개선하는 디자인 전문가입니다.
15. 미디어 콘텐츠 크리에이터: 다양한 미디어 콘텐츠를 창작하고 제작하는 전문가입니다.
16. 스마트 시티 설계자: 지능형 도시를 설계하고 개발하는 전문가입니다.
17. 자율 주행차 엔지니어: 자율 주행차 기술을 개발하고 구현하는 전문가입니다.
18. 디지털 건강 전문가: 디지털 기술을 활용하여 건강 관리와 진단에 관련된 서비스를 제공하는 전문가입니다.
19. 인공 식물 디자이너: 건강한 환경을 위해 인공 식물을 디자인하고 개발하는 전문가입니다.
20. 공간 건축가: 우주 여행이 활성화되면서 우주 정거장 및 기지 등의 건축을 설계하는 전문가입니다.

챗GPT가 유망 직업으로 엄선해준 20개 직업 중에서 여러분이 흥미로워할 만한 직업 10개를 선정해 하나씩 살펴보겠습니다. (10개 직업별 세부 내용은 챗GPT에게 다양한 질문을 통해서 얻은 답변 내용을 기반으로 작성되었습니다. 챗GPT의 답변을 최대한 활용했는데, 문장이 어색할 수 있습니다. 하지만 챗GPT의 한계 관점에서 이런 점을 생각해보면 좋을 것 같습니다.) 챗GPT 유망 직업은 각 직업의 개요, 왜 필요한지, 어떤 업무를 하고 어떤 능력이 필요한지, 그리고 사례 순으로 제시했습니다. 여러분의 진로 선택에 많은 도움이 될 것이라 생각합니다.

AI 윤리 전문가

1) 어떤 직업일까요?

AI 윤리 전문가는 AI 시스템이 윤리적으로 적절하게 작동하도록 지도합니다. AI 기술이 가지고 있는 윤리적인 문제들을 탐구하고, AI 시스템이 사회적 가치와 관련된 이슈들을 고려할 수 있도록 가이드합니다.

2) 왜 필요할까요?

AI 기술의 발전과 함께, AI 시스템이 인간과의 상호작용과 결정에 영향을 미치는 상황에서 윤리적인 문제들이 제기되고 있습니다. 예를 들어, 자율주행차가 사고를 낼 때의 책임과 선택을 누가 질 것인지, AI가 진행하는 심리 상담이 환자의 개인정보와 권리를 어떻게 보호할 것인지 등이 있습니다. 이러한 문제는 윤리적인 고민과 해결책이 요구됩니다.

3) 어떤 업무를 하고, 필요한 능력은 무엇일까요?

AI 시스템이 윤리적으로 적절한지 평가하고, 이를 개선하는 방법을 제안하며, 개발자와 이용자 간의 이해관계를 조율하고, 법적·윤리적인 문제에 대한 대응전략을 수립합니다. 또한 AI 기술의 윤리적 측면의 연구와 이슈를 파악해 윤리적 가이드라인을 개발합니다. 다양한 윤리적 이슈에 대한 이해와 해결 방법에 대한 역량, AI 기술에 대한 이해, 소통과 조율 능력 등이 필요합니다. 이 외에 인간 중심적인 사고방식과 민감성, 창의성, 비판적 사고 등의 능력도 요구됩니다.

4) 업무 사례는 어떻게 될까요?

의료 분야에서 AI를 활용한 진단 기술이 등장할 경우, AI 시스템이 환자의 개인정보를 적절하게 보호하고, 의사와 환자 간의 상호작용과 의사결정에 영향을 미치는 이슈들을 고려해 AI 시스템을 평가하고 개선하는 업무가 있을 수 있습니다. 또 다른 예시로는 언어 번역 기술이 발전함에 따라 AI 번역 시스템이 언어와 문화적 차이로 인한 번역 오류 및 문제를 일으킬 수 있습니다. 이런 경우 AI 윤리 전문가는 다양한 이해관계자와 협력해 번역 시스템의 윤리적 문제점을 해결하고 보완하는 업무를 맡을 수 있습니다.

가상 경험 디자이너

1) 어떤 직업일까요?

가상 경험 디자이너는 가상·증강 현실의 경험을 디자인하고 개발합니다. 가상 현실·증강 현실 기술, 즉 VR·AR은 현실과 유사한 경험을 제공하는 기술로 게임, 교육, 광고, 상업 등 다양한 분야에서 활용됩니다.

2) 왜 필요할까요?

VR·AR 기술의 발전과 함께 사용자들이 더욱 현실적이고 강렬한 경험을 원하는 추세입니다. 가상 경험 디자이너는 이러한 디지털 기술을 활용해 사용자가 현실에서 체험할 수 없는 경험을 제공하며, 이를 통해 새로운 분야의 새로운 비즈니스 모델을 만들어내는 데 큰 역할을 합니다. 예를 들어, VR 기술을 활용해 미술관이나 박물관의 전시물을 디지털 형태로 제공하면, 전 세계적으로 사용자들이 미술관이나 박물관을 방문하지 않고도 전시물을 체험할 수 있습니다.

3) 어떤 업무를 하고, 필요한 능력은 무엇일까요?

VR·AR 경험의 아이디어를 제시하고 디자인하는 것부터 3D 모델링, 애니메이션, 코딩, 사용자 인터페이스 설계, 테스팅 등의 작업을 수행합니다. 또한 사용자 경험을 분석하고 개선하는 역할도 수행합니다. 3D 모델링과 애니메이션 기술, 프로그래밍 지식, 창의성, 커뮤니케이션 능력 등이 필요합니다. 또한 최신 VR·AR 기술에 대한 지식과 업계 동향에 대한 지속적인 관심도 필요합니다.

4) 업무 사례는 어떻게 될까요?

교육 분야에서 VR·AR을 이용한 교육 콘텐츠를 개발하는 경우, 사용자들의 학습 목표와 수준에 맞게 VR·AR 경험을 디자인하고, 사용자가 쉽게 이용할 수 있는 UI·UX를 설계합니다. 또한 학습 효과를 분석하고 개선하는 역할도 수행합니다.

로봇 지능 엔지니어

1) 어떤 직업일까요?

로봇 지능 엔지니어는 로봇이 인간과 유사한 지능을 보여주도록 설계하고 개발합니다. 이를 위해 로봇에게 인식·판단·학습 능력 등을 부여하고, 로봇이 주어진 작업을 수행할 수 있도록 프로그래밍합니다.

2) 왜 필요할까요?

로봇 지능 엔지니어는 로봇 기술이 인간의 일상에서 적극적으로 활용될 수 있도록 지원하고, 제품의 경쟁력을 높이는 역할을 합니다. 로봇 기술은 제조업뿐만 아니라 서비스 산업, 군사 분야 등에서도 활용될 수 있으며, AI, 빅데이터, IoT 등의 기술과 결합될 경우 더욱 높은 생산성, 효율성, 안전성, 편리성 등의 효과를 가져올 수 있습니다. 예를 들어, 제조업에서 로봇 기술은 생산성 향상과 노동력 감축에 큰 기여를 하고 있습니다. 로봇 지능 엔지니어는 로봇이 제품 생산과정에서 복잡한 작업을 수행하도록 지능을 개발하며, 로봇과 인간이 협력해 생산성과 효율성을 극대화할 수 있도록 개발합니다.

3) 어떤 업무를 하고, 필요한 능력은 무엇일까요?

로봇 시스템의 인식·판단·학습 능력을 개선하는 것부터 이를 활용한 자동화 시스템 및 로봇 제품의 개발에 이르는 모든 단계에서 일합니다. 이를 위해 로봇의 센서, 제어 시스템, 알고리즘 등을 설계하고 개발합니다. 로봇 제어와 AI 기술, 프로그래밍, 수학, 물리학 등의 기초 지식이 필요합니다. 또한 문제해결 능력, 창의성, 커뮤니케이션 능력 등의 소프트 스킬도 필요합니다.

4) 업무 사례는 어떻게 될까요?

자동차 생산 라인에서 로봇이 자동으로 부품을 조립하는 작업을 수행하는 경우, 로봇 지능 엔지니어는 로봇이 자동으로 부품을 인식하고 조립할 수 있도록 로봇 시스템을 설계하고, 알고리즘을 개발합니다. 또한 로봇이 정확하고 안전하게 작업을 수행할 수 있도록 테스트하고 개선하는 역할도 수행합니다.

유전자 편집 전문가

1) 어떤 직업일까요?

유전자 편집 전문가는 유전자를 조작해 인체 질환을 치료 또는 예
방하고, 식물·동물의 유전적인 특성을 개선하는 등 다양한 분야에
서 활동합니다.

2) 왜 필요할까요?

유전자 편집 기술이 발전함에 따라 인체 질환의 유전자 치료, 유전
적인 특성 개선 등 다양한 분야에서의 활용 가능성이 커지고 있습
니다. 예를 들어, 유전자 편집 기술을 활용해 질병 유전자를 제거
하거나 변형시키는 작업을 수행할 수 있습니다. 이를 통해 유전적
으로 증가하는 질병 발생률을 예방하거나, 현재 진행 중인 질병을
치료하는 데 활용될 수 있습니다. 또한 유전자 편집 기술은 식물과
동물의 육종에도 활용됩니다. 유전자 편집 전문가는 원하는 특성
을 가진 식물과 동물을 개발하기 위해 유전자를 수정하거나 이식
하는 작업을 수행합니다. 이를 통해 더욱 좋은 품질의 식물과 동물
을 생산할 수 있습니다. 또한 유전자 편집 기술은 환경 문제 해결
에도 활용됩니다. 예를 들어, 유전자 편집 기술을 활용해 일부 미
생물의 유전자를 변형시켜 오염된 지하수를 정화하는 작업을 수
행할 수 있습니다.

3) 어떤 업무를 하고, 필요한 능력은 무엇일까요?

유전자 편집 기술을 이용해 유전자를 조작하고, 이를 바탕으로 인체 질환의 치료나 예방, 생물체의 유전적인 특성 개선 등의 목표를 달성합니다. 이를 위해 실험 계획 수립, 유전자 편집 장비와 소재 선택, 유전자 조작 및 수정, 실험 결과 분석 등의 작업을 수행합니다. 생물학적 기초 지식, 유전자 편집 기술에 대한 이해, 실험 설계와 분석 능력, 팀워크 등이 필요합니다. 또한 윤리적인 문제에 대한 이해와 고민, 창의성 등도 유전자 편집 전문가에게 필요한 역량입니다.

4) 업무 사례는 어떻게 될까요?

유전적으로 유전자 변이를 가진 환자를 치료하기 위해 유전자 편집 기술을 활용해 변이된 유전자를 수정하는 경우가 있습니다. 유전자 편집 전문가는 이를 위해 유전자 변이를 가진 환자의 DNA 샘플을 채취하고, 수정하고자 하는 유전자를 선택합니다. 그리고 유전자 편집 전문가는 유전자 조작을 위한 장비를 사용해 유전자를 편집하고, 수정된 유전자가 정상적으로 작동하는지 실험 및 분석을 수행합니다. 이를 통해 유전적인 질환을 예방하거나 치료할 수 있습니다.

블록체인 개발자

1) 어떤 직업일까요?

블록체인 개발자는 블록체인 기술을 이용해 분산 네트워크상에서 보안성과 무결성이 보장된 거래 처리 시스템을 개발합니다. 블록체인은 중앙 관리자 없이 거래 기록을 저장하고 관리하는 분산 원장 기술입니다.

2) 왜 필요할까요?

블록체인 기술은 중앙 관리자나 중개 업체 없이 거래 기록을 분산 저장하고 관리해 보안성과 투명성을 확보할 수 있는 기술입니다. 이에 따라 블록체인을 적용한 다양한 서비스가 등장하고 있죠. 예를 들어, 블록체인 기술을 활용해 투명하고 안전한 거래를 구현할 수 있습니다. 블록체인은 거래 기록이 모두 공개되어 있기 때문에 거래 내역을 위조하거나 변경하는 것이 어렵습니다. 이를 통해 부동산 거래나 금융 거래 등에서 신뢰성과 안전성을 보장할 수 있습니다.

3) 어떤 업무를 하고, 필요한 능력은 무엇일까요?

블록체인 개발자는 블록체인 기반의 분산 거래 처리 시스템을 개발합니다. 이를 위해 블록체인 프로토콜을 이해하고, 분산 원장을 구현하고, 거래 기능을 구현하는 등의 작업을 수행합니다. 블록체인 기술에 대한 이해와 관심, 프로그래밍 지식, 암호학, 네트워크 기술 등이 필요합니다. 또한 문제해결 능력과 창의성 등의 소프트 스킬도 필요합니다.

4) 업무 사례는 어떻게 될까요?

블록체인을 이용한 디지털 자산 거래 플랫폼을 개발하는 경우, 블록체인 개발자는 블록체인 프로토콜을 이해하고, 스마트 컨트랙트를 작성하고, 거래 기능을 구현하는 등의 작업을 수행합니다. 또한 보안성과 무결성을 확보하기 위한 암호학 기술을 적용하고, 시스템을 테스트하고, 안정적인 운영을 위한 유지보수 업무도 수행합니다.

3D 프린팅 엔지니어

1) 어떤 직업일까요?

3D 프린팅 엔지니어는 3차원 데이터를 입체적으로 만들어내는 기계인 3D 프린터를 이용해 다양한 제품을 제작하고, 3D 프린터의 기능을 개선하는 등의 업무를 수행합니다.

2) 왜 필요할까요?

3D 프린팅 기술은 제품 제작과 생산 과정을 혁신적으로 개선해, 더욱 효율적이고 경제적인 생산 방식을 제공할 수 있습니다. 3D 프린팅 기술은 제조 산업 분야에서 많이 활용되고 있습니다. 3D 프린팅 기술을 활용하면 제품 생산 과정에서 생산 비용과 시간을 절약할 수 있습니다. 또한 3D 프린팅은 기존의 제조 방식에서는 만들 수 없는 형태의 제품을 만들어낼 수 있어 제품 디자인의 자유도가 높아집니다. 또한 3D 프린팅은 의료 분야에서도 많이 활용됩니다. 3D 프린팅을 활용하면 환자 개인의 조건에 맞게 제작된 인공 관절, 치아, 인체 모형 등을 만들어낼 수 있어 의료 진단 및 치료의 정확도를 높일 수 있습니다.

3) 어떤 업무를 하고, 필요한 능력은 무엇일까요?

3D 프린터의 사용 및 유지보수, 프린터의 기능 개선, 다양한 제품의 디자인 및 제작 등을 수행합니다. 이를 위해 3D 디자인 소프트웨어를 이용해 제품의 3D 모델을 작성하고, 프린터에 필요한 소재를 선택해 프린팅을 수행합니다. 3D 프린팅 기술과 관련된 기술적인 지식, 디자인 능력, 문제해결 능력, 소프트웨어 및 하드웨어에 대한 이해 등이 필요합니다. 또한 창의성과 커뮤니케이션 능력 등의 소프트 스킬도 필요합니다.

4) 업무 사례는 어떻게 될까요?

제품 디자인 회사에서 새로운 제품 디자인을 3D 프린터로 제작하기 위해 3D 프린팅 엔지니어가 참여하는 경우가 있습니다. 3D 프린팅 엔지니어는 3D 디자인 소프트웨어를 이용해 제품의 3D 모델을 작성하고, 프린터에 필요한 소재를 선택해 프린팅을 수행합니다. 또한 프린팅 중 발생하는 문제를 해결하고, 프린터의 기능을 개선하는 업무도 수행합니다. 이를 통해 제품 제작 과정을 효율적으로 개선하고, 새로운 제품을 개발할 수 있습니다.

신경 과학자

1) 어떤 직업일까요?

신경 과학자는 뇌와 신경계를 연구해 인간의 행동, 인지 및 감정에 대한 이해를 증진하고, 뇌와 신경계 질환의 치료 및 예방 방법을 연구합니다.

2) 왜 필요할까요?

신경 과학자는 인간의 뇌와 신경계를 연구해 인간의 행동, 생각, 감정, 인지능력 등을 이해합니다. 이를 바탕으로 인간의 질병 치료에 많은 기여를 합니다. 뇌와 신경계는 인간의 신체 기능을 제어하고, 이러한 기능에 이상이 생기면 다양한 질병이 발생할 수 있습니다. 신경 과학자는 이러한 질병의 원인을 파악하고, 이를 바탕으로 치료법을 개발하고 환자를 치료합니다.

또한 신경 과학자는 AI 분야에서도 중요한 역할을 합니다. 인간의 뇌와 신경계를 연구해 그 구조와 원리를 이해하면, 이를 바탕으로 AI 분야에서도 적용할 수 있는 지식과 기술을 개발할 수 있습니다. 이러한 기술은 로봇, 자율주행차, 인터넷 검색 엔진 등에서 사용되고 있습니다.

3) 어떤 업무를 하고, 필요한 능력은 무엇일까요?

뇌와 신경계를 연구해 인간의 행동, 인지 및 감정에 대한 이해를 증진하고, 뇌와 신경계 질환의 치료 및 예방 방법을 연구합니다. 이를 위해 실험 계획 수립, 데이터 수집 및 분석, 결과 해석 등의 업무를 수행합니다. 뇌와 신경계에 대한 기초 지식, 실험 설계 및 분석 능력, 컴퓨터 및 통계학적인 기술에 대한 이해 등이 필요합니다. 창의성과 문제해결 능력 등의 소프트 스킬도 요구됩니다.

4) 업무 사례는 어떻게 될까요?

알츠하이머, 파킨슨, 뇌전증 등과 같은 뇌와 신경계 질환의 치료 및 예방을 연구하는 경우가 있습니다. 신경 과학자는 이를 위해 실험을 설계하고, 데이터를 수집해 분석하고, 결과를 해석해 치료 및 예방 방법을 개발합니다. 이를 통해 뇌와 신경계 질환의 예방과 치료, 그리고 인간의 행동과 감정에 대한 이해를 보다 더 증진할 수 있습니다.

로봇 윤리 전문가

1) 어떤 직업일까요?

로봇 윤리 전문가는 AI가 탑재된 로봇의 사용에 대한 윤리적 쟁점을 다루며, 로봇 개발 및 사용에 대한 윤리적 가이드라인을 제시합니다.

2) 왜 필요할까요?

로봇이 인간과 함께 일하거나 생활하게 되면서 로봇이 인간의 안전과 건강에 미칠 영향, 로봇의 행동이 인간에게 미칠 심리적 영향 등 다양한 윤리적 문제가 발생할 수 있습니다. 로봇 윤리 전문가는 이러한 문제를 예방하고 해결하기 위해 로봇이 인간과 함께 상호작용할 때 발생할 수 있는 윤리적 문제를 인식하고, 해결방안을 제시합니다.

또한 로봇 기술이 발전하면서 인간과 로봇 간의 상호작용이 더욱 증가하고 있습니다. 예를 들어, 로봇이 집안 청소, 세탁, 식사 준비를 하거나 로봇이 의료진을 보조해 환자를 돌보는 경우 등이 있겠죠. 이러한 상호작용에서도 로봇 윤리 전문가는 로봇이 인간에게 불안감이나 위험을 일으키지 않도록 설계하고, 로봇이 인간의 개인정보를 보호하도록 보장하는 등의 역할을 수행합니다.

3) 어떤 업무를 하고, 필요한 능력은 무엇일까요?

로봇 개발 및 사용에 대한 윤리적 가이드라인 제시, 로봇의 사용과 관련된 윤리적 쟁점 해결, 로봇의 사용이 인간과 사회에 미치는 영향에 대한 연구 등을 합니다. AI 및 로봇 기술에 대한 지식, 윤리적 사고와 문제해결 능력, 커뮤니케이션 능력 등이 필요합니다. 윤리적 쟁점에 대한 이해와 관심, 국제적 관점의 시각도 필요합니다.

4) 업무 사례는 어떻게 될까요?

로봇이 인간을 대신해 위험한 작업을 수행하는 경우, 로봇 윤리 전문가는 로봇의 사용이 인간의 안전에 미치는 영향을 고려해 윤리적 가이드라인을 제시합니다. 로봇이 인간의 일상에서 사용되는 경우, 로봇 윤리 전문가는 로봇의 사용이 인간과 사회에 미치는 영향을 고려해 윤리적 쟁점을 해결하고, 로봇의 개발 및 사용에 대한 윤리적 가이드라인을 제시합니다. 이를 통해 로봇의 사용이 윤리적으로 적절하게 이루어지도록 보장합니다.

디지털 건강 전문가

1) 어떤 직업일까요?

디지털 건강 전문가는 디지털 기술을 활용해 건강한 삶을 지켜줍니다. 주로 디지털 건강 관련 정보의 수집과 분석, 건강 측정 기기와 앱을 이용한 건강 상태 모니터링, 건강 관련 정보의 보호와 관리 등을 담당합니다.

2) 왜 필요할까요?

다양한 건강 관련 앱과 건강 측정 기기 등이 등장하고, 이를 통해 개인의 건강 상태를 모니터링하고 관리하는 경우가 많아졌습니다. 개인의 건강 정보 보호와 관리, 디지털 건강 정보를 활용한 질병 예방 등을 위해 디지털 건강 전문가가 필요할 수밖에 없죠. 예를 들어, 전자 건강 기록 시스템을 통해 환자의 건강 정보가 관리되고, 모바일 의료 앱을 통해 건강 정보를 수집하고 관리하는 경우도 많습니다. 이러한 디지털 건강 정보는 환자의 개인정보와 진단 정보 등 중요한 정보를 포함하고 있으며, 이러한 정보들이 유출되거나 해킹 등의 공격에 노출되면 심각한 문제를 야기할 수 있습니다.

3) 어떤 업무를 하고 필요한 능력은 무엇일까요?

디지털 건강 정보의 수집과 분석, 건강 측정 기기와 앱을 이용한 건강 상태 모니터링, 건강 관련 정보의 보호와 관리 등이 있습니다. 건강 정보에 대한 이해, 기술적인 지식, 데이터 분석 능력, 커뮤니케이션 능력 등이 필요합니다.

4) 업무 사례는 어떻게 될까요?

건강 측정 앱을 개발하는 회사에서, 디지털 건강 전문가는 개인의 건강 정보를 수집하고 분석해 건강 측정 기능을 개선하고, 개인의 건강 상태를 더욱 정확하게 모니터링할 수 있도록 합니다. 또한 개인의 건강 정보 보호와 관리를 위한 보안 시스템을 구축하고, 이를 관리합니다. 이를 통해 개인의 건강 정보를 안전하게 보호하고, 보다 정확한 건강 정보를 제공해 개인의 건강 상태를 개선할 수 있습니다.

인공 식물 디자이너

1) 어떤 직업일까요?

인공 식물 디자이너는 인공적으로 제작된 식물의 디자인 및 개발을 담당합니다. 인공적으로 제작된 식물은 자연의 식물과 비슷한 외관과 기능을 갖추고 있으며, 실내·실외의 다양한 장소에서 사용됩니다.

2) 왜 필요할까요?

현재 지구는 기후 변화로 인한 극심한 환경 문제에 직면하고 있습니다. 이에 따라 인공 식물이 자연에 대한 대안으로 부상하고 있습니다. 인공 식물은 실제 식물과 같이 대기 중의 이산화탄소를 흡수하고 산소를 방출하며, 자연 속에서 존재하는 동식물에게 필요한 광합성 작용을 대신할 수 있습니다. 이러한 인공 식물을 디자인하고 개발하는 일은 심각해져가는 지구 환경 문제를 해결하기 위해 중요합니다.

또한 인공 식물 디자이너는 실내 및 실외 공간의 장식 요소로 쓰일 인공 식물을 만드는 역할을 합니다. 인공 식물은 실제 식물과 달리 모양과 색상이 변하지 않고 일관된 모양과 색상을 유지하므로, 환경을 고려하지 않고도 실내 및 실외 공간에서 더욱 쉽게 관리할 수 있습니다.

마지막으로 인공 식물 디자이너는 미래 식량 문제를 해결하기 위한 대안으로 인공 식물 개발에 참여할 수 있습니다. 인공 식물은 실제 식물과 달리 일정한 온도와 습도 등의 환경 요인에 대한 의존도가 낮기 때문에, 극한 환경에서도 재배가 가능합니다. 그러므로 이러한 인공 식물은 미래에 닥칠 식량 문제를 해결하는 데 기여할 수 있습니다.

3) 어떤 업무를 하고, 필요한 능력은 무엇일까요?

인공 식물 디자인 및 개발, 제품 생산 및 유통, 고객 상담 및 서비스 제공 등이 있습니다. 식물학적인 지식, 컴퓨터 그래픽 디자인 및 3D 모델링 기술, 제품 생산 및 유통 관리 능력 등이 꼭 필요합니다.

4) 업무 사례는 어떻게 될까요?

호텔, 레스토랑, 오피스 등 다양한 장소에서 인공 식물을 사용하는 경우가 있습니다. 이때 인공 식물 디자이너는 사용자의 요구에 맞게 인공 식물을 디자인하고, 제품을 생산해 고객에게 제공합니다. 또한 제품 유통을 위한 마케팅과 판매를 담당하며, 제품의 관리 및 유지보수를 수행합니다. 이를 통해 인공 식물을 사용하는 공간의 디자인과 분위기를 개선하고, 고객 만족도를 높일 수 있습니다.

Chat GPT

AI가 일상으로 깊숙이 파고들게 한 챗GPT! 챗GPT 같은 AI가 더 확산
될 미래를 대비해 여러분들에게 지금 어떤 능력이 필요할지 4장에서 알
아봅니다. 분명 AI가 모든 걸 다 알려줄 것 같은 챗GPT 시대에 왜 질문
이 더 중요해지는지부터 시작해 AI와 차별화된 인간 고유의 능력인 창
의력을 어떻게 향상시켜야 하는지까지요. 뿐만 아니라 인문학, 문해력,
메타인지 등이 AI가 지배하는 미래 세상에서 얼마나 중요하고, 이를 통
해 어떻게 주체적으로 삶을 살아가야 하는지도 살펴보겠습니다.

챗GPT 시대, 십대에게 필요한 핵심 역량 5가지

Chat GPT

[질문력]
질문하는 사람이
세상을 이끌어요

챗GPT 세대에게 가장 중요한 능력은 무엇일까요? 앞 장에서 살펴본 프롬프트 엔지니어라는 직업에서도 알 수 있듯이 바로 '질문력'입니다.

학생들을 가르치는 사람들은 질문이 지금 세상에서 가장 중요하다고 수없이 말하죠. 지금처럼 창의력이 필요한 세상에서는 더 그렇습니다. 우리가 아는 아이작 뉴턴, 레오나르도 다빈치, 토머스 에디슨 등의 천재들은 질문을 통해 다른 사람들이 생각하지 못한 것을 생각해냈습니다.

볼테르라는 프랑스 사상가가 있는데요, 이 사상가는 "누군가를 판단할 때 그 사람의 답변보다는 질문에 주목하라"라고 했습니다. 왜일까요?

누군가에게 질문을 하려면 내가 질문하려는 분야에 대해 많이 알고 있어야겠죠. 그렇지 않으면 어떻게 되죠? 어떤 질문을 해야 하는지 잘 모르게 됩니다. 대부분이 그렇습니다. 청소년뿐만 아니라 성인도 마찬가지예요. 자신이 모르는 분야에 대해서는 절대 질문하지 않습니다. 그 분야에 대해 내가 모른다는 사실을 들키기 싫기 때문이죠.

똑같은 상황에 대해서도 생각의 범위에 따라 질문이 다릅니다. 기차여행을 가기 위해 기차를 탔는데, 빨리 목적지에 가고 싶은 사람에게는 느린 기차 탓에 여행이 지루하다고 느껴져요. 이런 상황을 해결하기 위해 "어떻게 해야 더 빠른 기차를 만들 수 있을까?"라고 질문을 던질 수 있습니다. 그런데 다른 사람은 기차 그 자체도 여행이라고 생각해서 "어떻게 하면 기차여행을 조금 더 즐겁게 만들 수 있을까?"라고 질문할 수도 있죠.

첫 번째 질문과 두 번째 질문의 차이는 무엇일까요? 첫 번째 질문은 사람들이 불평하는 그 모습에만 집중해 빠른 기차를 만들기 위한 생각밖에 못 하게 하죠. 그런데 두 번째 질문은 사람들이 스스로 생각하지 못한 기차여행의 묘미를 만들어볼 수도 있는 것입니다. '빠른 기차'라는 해답뿐만 아니라요. 그래서 가치 내부를 재미있게 만들어 사람들이 '기차가 느리다'라는 생각을 못 하게 만드는 것이죠. 사실 '빠르다, 느리다'라는 개념은 상대적이기 때문입니다.

친한 친구나 좋아하는 친구와 여행을 가면 기차여행 그 자체도 매력적인 게 되지만 싫은 사람과 가면 어떤가요? 1시간만 가면 되는 거리도 지루하고 따분하기 그지없죠. 마치 1초란 시간이 1분 같은 것처럼요.

그래서 유명한 경영학자인 피터 드러커라는 사람은 "노벨상을 탄 사람과 아닌 사람의 가장 큰 차이는 IQ나 직업윤리가 아니라 더 큰 질문을 던지는가, 아닌가이다"라고 말합니다. 특히 챗GPT가 나온 이후, 사람들은 학생들에게 질문하는 법을 가르쳐야 한다고 더욱 강조하죠.

그렇다면 챗GPT는 질문에 대해 뭐라고 말할까요? 챗GPT에게 "챗GPT, 너 때문에 요즘 질문이 중요해졌는데, 질문을 잘하려면 어떻게 해야 해?"라고 물어봤습니다.

 '질문 잘하는 법'에 대한 챗GPT의 답변

좋은 질문을 하기 위해서는 몇 가지 요소들이 있습니다.
1. 목적을 명확히 하세요: 질문을 하기 전에 무엇을 알고자 하는지, 왜 그것이 중요한지 명확히 하고 질문을 구성해야 합니다. 목적이 명확하다면 답변도 더욱 정확하고 유용할 것입니다.
2. 자세하게 질문하세요: 모호한 질문은 모호한 답변을 불러일으키기 쉽습니다. 따라서 질문을 할 때는 구체적으로, 상세하게

설명하며 가능한 한 자세히 질문을 구성해야 합니다.

3. 개인적인 의견을 배제하세요: 질문을 할 때 개인적인 의견이나 선입견을 배제하는 것이 중요합니다. 이를 통해 답변자가 좀 더 객관적이고 정확한 답변을 제공할 수 있습니다.

4. 적절한 문체를 사용하세요: 질문의 내용에 따라 적절한 문체를 사용하는 것이 중요합니다. 학술적인 주제에 대한 질문이라면 보다 격식있는 문체를 사용해야 하며, 일상적인 주제에 대한 질문이라면 보다 일상적인 문체를 사용하는 것이 좋습니다.

5. 중복을 피하세요: 이전에 이미 다룬 주제에 대해 중복된 질문을 하는 것은 시간낭비일 뿐만 아니라, 답변자의 시간과 노력을 낭비시키기도 합니다. 따라서 이전에 다룬 주제에 대해서는 가능한 한 중복된 질문을 피하는 것이 좋습니다.

이러한 팁을 따르면 좋은 질문을 구성할 수 있으며, 좋은 질문은 더 나은 답변을 불러일으킵니다.

그런데 앞서 말한 것처럼 좋은 질문을 하는 방법보다 더 궁금한 게 있죠. 질문 자체가 떠오르지 않는 것입니다. 이럴 땐 어떻게 해야 할까요?

먼저, 관심 분야에서 질문을 찾아내고, '왜·어떻게·무엇을·누가·언제'와 같은 질문어를 활용해 질문을 만들어보며, 새로운 관점에서 문제를 살펴본 다음 질문을 생각해보면 되겠죠. 논쟁이나 토론에서 생긴 의문점을 활용해 질문을 만들어볼 수도 있습니다.

하나씩 살펴볼까요? 첫 번째는 관심 분야입니다. 예를 들어, AI 분야에서 가장 궁금한 것은 무엇일까요? 이것을 기반으로 질문을 만들어보면, "AI가 인간의 일을 대체할 수 있을까?"라는 질문이 만들어질 수 있습니다. 또는 여러분이 음악에 대해 관심이 있다면, "왜 음악이 인간에게 영향을 미치는 것일까?"와 같은 질문을 생각해볼 수 있겠죠. 이러한 질문은 음악이 인간에게 미치는 영향을 탐구하고, 음악의 기능과 효과를 이해하는 데 도움을 줍니다.

두 번째는 '왜·어떻게·무엇을·누가·언제' 등의 질문어 활용입니다. 질문어를 사용해 질문을 만들어보면, 구체적이고 명확한 질문을 만들 수 있습니다. 왜 이 일이 일어난 것인지, 어떻게 이 문제를 해결할 수 있는지, 누가 이것에 대해 결정을 내렸는지 등을요. 예를 들어, "왜 AI가 인간의 일을 대체할 수 있는가?"라는 질문을 만들어보면, 더 자세한 정보와 관련된 질문을 생각해볼 수 있습니다. 만약 자신이 경제학에 관심이 있다면, "왜 경제학이 중요한 것일까?"라는 질문을 생각해볼 수 있습니다. 이러한 질문은 경제학이 어떻게 인간의 삶과 관련되어 있는지, 경제학 원리가 현실세계에서 어떻게 작용하는지에 대한 이해를 높일 수 있습니다.

세 번째는 새로운 관점입니다. 이전에 생각하지 못했던 관점에서 문제를 살펴보고 질문을 생각해보면, 새로운 아이디어를 도출할 수 있습니다. 예를 들어, 일상생활에서 많이 사용하는 제품에 대해 생각해보면, 그 제품이 어떻게 만들어졌는지, 환경에 미치는 영향은 무엇인지, 어떤 대안이 있을지 등등의 질문을 생각해볼 수 있죠. 이 질문들은 자신이 가지고 있던 선입견이나 편견을 깨고 새로운 시각으로 문제를 바라보게 해주기도 합니다. AI 분야에서 새로운 관점으로 생각해보면, "AI가 인간의 일을 대체할 수 있으면서도, 인간의 역할을 보완하고 협력할 수 있는 방법은 무엇일까?"라는 질문을 생각해볼 수 있습니다. 이러한 질문을 통해 AI와 인간이 협력해 새로운 가치를 창출할 수 있는 방법을 고민할 수도 있죠.

네 번째는 논쟁이나 토론에서 생긴 의문점입니다. 이런 의문점은 결국 질문으로 이어질 수밖에 없기 때문입니다. 예를 들어, 최근 AI와 로봇 기술이 빠르게 발전하고 있는데요, 이런 미래기술의 발전은 장단점이나 인간의 삶에 미치는 영향에 대한 논쟁을 불러일으키고 있죠. 여러분은 이러한 논쟁에서 생긴 궁금증이나 의문점을 바탕으로 질문을 만들어볼 수 있습니다. 예를 들어, AI 분야에서 논쟁이 있었다면, "AI의 윤리적 문제는 무엇인가?"라는 질문을 생각해볼 수 있습니다.

그런데 막상 질문을 하려는데 말이 나오지 않는다면 어떻게 해야 할까요? 어른들도 그러한데요, 질문을 하고 싶은데 개인의 성향에 따라 그게 잘 안되죠. 그래서 챗GPT에게 "나는 평소에 궁금한 것이 많은데도 막상 질문하려면 말이 나오지 않아. 어떻게 하면 좋을까?"라고 물어봤습니다. 챗GPT는 일단 질문을 적어보고 다른 사람과 대화해보라는 조언을 해줍니다. 이렇게 하면서 결국은 질문하는 습관을 스스로 만들어보라고 하네요.

'질문이 힘든 사람'에게 건네는 챗GPT의 조언

이런 경우는 누구에게나 있을 수 있는 일입니다. 다음은 이를 극복하는 방법 몇 가지입니다.

1. 질문을 적어보세요: 질문을 적어보면 더 구체적으로 생각해볼 수 있습니다. 질문을 적으면서 머릿속에서 떠오르는 생각을 끊임없이 적어보세요. 그러면 나중에 다시 돌아와 질문을 다듬고 수정할 수 있습니다.

2. 다른 사람들과 대화하세요: 다른 사람들과 대화하면 자연스럽게 질문이 나올 수 있습니다. 대화를 하면서 떠오르는 질문을 바로 메모해두세요.

3. 인터넷 검색을 이용하세요: 자신이 궁금한 것을 인터넷에서 검색해보면 자연스럽게 질문이 나올 수 있습니다. 검색 결과에서 생긴 의문점을 바탕으로 질문을 만들어보세요.

4. 비슷한 주제의 질문을 참고하세요: 이미 다른 사람들이 비슷한 주제에 대해 질문한 것을 참고하여 자신의 궁금증을 해결할 수 있습니다.

5. 질문하는 습관을 기르세요: 질문을 하기 위해서는 질문하는 습관을 기르는 것이 중요합니다. 자신이 궁금한 것을 언제든지 물어보고, 질문에 대한 답변을 찾아보는 습관을 기르면 질문하는 것이 더욱 쉬워질 것입니다.

이러한 방법들을 시도해보면 자신이 궁금한 것을 질문으로 만들어내는 것이 조금 더 수월해질 수 있습니다.

또 다른 문제에 대해서도 챗GPT에게 질문을 해볼까요? "나는 질문할 때, 이 질문이 이 상황에 정말 맞는 것일까 혹은 틀린 것은 아닐까라는 생각을 해서 질문을 잘 못해. 이런 경우에는 어떻게 해야 할까?"라고 챗GPT에게 질문해봤습니다. 이에 챗GPT는 질문의 목적이나 답을 생각하고서 질문을 다듬어보라고 말합니다.

 '상황에 맞는 질문'에 대한 챗GPT의 답변

이런 경우에는 몇 가지 방법을 시도해볼 수 있습니다.

1. 질문의 목적을 명확하게 이해하세요: 질문을 할 때, 질문의 목적을 명확히 이해하는 것이 중요합니다. 자신이 궁금한 것이 무엇인지, 그것을 물어보면 어떤 문제가 해결될 수 있는지 등을 고민해보세요.
2. 질문에 대한 답을 생각해보세요: 질문을 하기 전에 질문에 대한 답을 생각해보는 것이 도움이 될 수 있습니다. 질문이 이해하기 쉽고, 명확하며, 유용한 답을 가져다 줄 수 있는지 생각해보세요.
3. 상황을 파악하세요: 질문을 하기 전에 상황을 파악하는 것이 중요합니다. 자신의 질문이 이 상황에 맞는 질문인지, 그리고 그 질문이 도움이 될지를 고려해보세요.
4. 질문을 다듬어보세요: 질문을 다듬어서 명확하고 이해하기 쉽도록 만드는 것이 중요합니다. 불필요한 정보를 제거하고, 질문을 단순하고 간결하게 만들어 보세요.
5. 다른 사람의 도움을 받으세요: 다른 사람들에게 질문을 던져보고, 그들이 어떻게 생각하는지 들어보세요. 다른 사람들의 의견을 듣고 자신의 질문을 다듬을 수 있을 것입니다.

이러한 방법들을 시도해보면, 질문을 더욱 명확하고 유용하게 만들 수 있습니다.

정말 이렇게 질문하는 습관을 만들어, 다양한 질문을 하다 보면 천재들처럼 창의력이 향상될까요? 그래서 "질문을 많이 하면 창의력이 높아질까?"라고 챗GPT에게 물어봤는데요, 질문 자체가 기존의 생각에 도전하게끔 해서 새로운 관점에서 생각할 수 있게 도와준다고 합니다.

 '질문과 창의력의 관계'에 대한 챗GPT의 답변

예, 질문을 많이 하면 창의력이 높아질 수 있습니다. 질문은 새로운 아이디어와 관련된 기본적인 척도 중 하나이며, 창의적인 사고를 촉진합니다. 창의력은 주어진 문제에 대한 새로운 해결책을 발견하고, 문제를 해결하는 능력입니다. 이를 위해서는 새로운 아이디어를 생각해내는 것이 중요한데, 이를 위해서는 질문하는 능력이 필수적입니다.

질문을 많이 하는 것은 문제를 더 깊게 이해하고, 새로운 관점에서 접근할 수 있도록 돕습니다. 질문은 기존의 생각을 도전하고, 새로운 관점과 아이디어를 발견할 수 있는 기회를 제공합니다.

따라서, 질문을 많이 하면 창의력이 높아질 수 있습니다. 질문을 통해 문제를 다양한 관점에서 바라보고, 새로운 아이디어를 생각해낼 수 있는 능력을 기르는 것이 중요합니다.

〈공부하는 인간: 호모 아카데미쿠스〉라는 방송을 본 적이 있습니다. 이 방송에서는 유태인의 교육 방식을 소개해줬는데요, 그것은 바로 하브루타입니다. 하브루타는 질문과 토론을 통해 아이들을 가르치는 것인데요, 이 방송에서는 끊임없이 아이들에게 질문을 던지면서 아이들 스스로 '왜'에 대해 스스로 생각해보게끔 유도했습니다.

예를 들어, 여러분 스스로 '우리는 왜 공부를 해야 할까?' '우리는 다른 사람들과 왜 대화를 해야 할까?' '왜 공부를 잘하는 친구들은 토론과 질문을 즐길까?' 등의 질문을 던지다 보면 스스로 뭔가를 깨닫게 되지 않을까요?

그러면 여러분이 질문을 잘하는 사람이 되려면 어떻게 해야 할까요? 다음의 5가지를 평소에 잘 실천하면 됩니다.

1) 호기심 갖기

호기심이 많은 사람은 새로운 정보를 쉽게 습득할 수 있고, 문제에 대한 해결책을 찾는 데도 능숙하죠. "왜 이런 일이 발생했지?"라는 질문을 하면서 그 이유를 찾으려고 할 것입니다. 예를 들면, 지금처럼 "AI 기술이 계속해서 발전하면 미래에는 어떤 일이 발생할까?"라는 질문을 남들과 달리 먼저 생각해볼 수 있겠죠. 그렇게 되면 어떻게 될까요? AI 기술이 뭔지부터 시작해 AI가 어떻게 일상에 침투해 어떤 영향을 미치는지를 조사해보겠죠. 그리고 또 다른 꼬리 질문을 생각하게 되지 않을까요? 예를 들면, "AI 기술이 교육되면 지금처럼 공부하지 않고 새로운 방법으로 공부할 수 있는 방법이 생기지 않을까?"처럼요.

2) 논리적 사고방식 갖기

논리적인 사고방식은 생각하는 능력을 향상시키고, 문제해결 능력을 향상시키는 데 중요합니다. 예를 들어, "어떻게 이 문제를 해결할 수 있을까?"라는 질문을 할 때, 논리적인 사고방식을 갖고 다양한 해결책을 고민합니다. 수학 문제를 풀 때, 논리적인 사고를 바탕으로 문제를 해결하려고 노력하면 다양한 문제들을 더욱 쉽게 풀 수 있죠. 질문도 마찬가지죠. 가끔은 엉뚱하게 떠오르는 생각이 질문이 되지만, 결국은 논리적인 사고를 통한 끊임없는 생각이 여러분이 계속해서 질문을 만들어낼 수 있게 해주죠.

3) 다양한 관점에서 문제 보기

질문은 그 자체가 하나의 프레임이자 관점입니다. "AI는 학생들에게 어떤 도움을 줄 수 있나요?"라는 질문에는 이미 '학생'이라는 관점이 들어 있죠. 그래서 "이 문제에는 어떤 측면이 있을까?"라는 질문을 하면, 다양한 관점에서 문제를 살펴보고, 그에 따라 대처 방법을 고민할 수 있습니다. 예를 들어, 사람들의 건강을 위해 어떤 정책을 시행해야 하는지에 대한 문제라면, 의료 전문가, 정치인, 시민 등의 다양한 관점에서 문제를 바라볼 수 있겠죠.

4) 적극적으로 대화에 참여하기

질문을 잘하는 사람은 상대방이 말하고자 하는 바를 잘 이해하고, 그에 따른 질문을 적절하게 던질 수 있습니다. 질문을 잘하면 상대방과의 대화가 더욱 집중력 있게 이루어지고, 상대방도 자신의 의견을 더욱 적극적으로 전달하게 되죠. 또한 대화에서 적극적으로 참여하면서 상대방과의 대화에서 새로운 것을 배우고, 자신의 생각을 발전시킬 수 있습니다. 예를 들어, "그것은 어떻게 될까요?"라는 질문을 하면, 상대방의 생각을 더욱 깊이 있는 방식으로 이해할 수 있습니다.

5) 존중과 배려

상대방의 의견을 존중하고 이해하면, 상대방 역시 자신의 의견을 더욱 적극적으로 전달하게 됩니다. 또한 상대방의 입장에서 문제를 바라볼 수 있게 되어 더욱 다양한 해결책을 찾을 수 있습니다. 예를 들어, "그렇다면 당신이 생각하시는 해결책은 무엇인가요?"라는 질문을 할 때, 상대방의 의견을 존중하고, 그에 대한 응답을 잘 듣습니다.

결국 이렇게 질문을 잘하는 사람이 되는 방법은 하브루타 교육의 원리와도 맞닿아 있죠. 챗GPT가 말하는 하브루타 교육의 설명을 보면 이해가 더 쉽습니다. 챗GPT에게 하브루타 교육에 대해 질문하자 이렇게 대답했습니다.

'하브루타 교육'에 대한 챗GPT의 답변

하브루타(Havruta)란, 히브리어로 '동반'을 의미하며, 유대교 교육 방법 중 하나입니다. 하브루타 교육은 2인 이상의 학생들이 서로 협력하여 공부하는 방식으로, 유대교 교육에서 핵심적인 역할을 합니다. 하브루타 교육의 중요성은 다음과 같습니다.

1. 상호작용과 소통 능력 강화: 하브루타 교육은 학생들이 서로 소통하고 상호작용하는 능력을 향상시킵니다. 학생들은 서로에게 질문하고 대화하며, 서로의 의견을 공유하고 토론합니다. 이러한 과정에서 학생들은 자신의 생각을 논리적으로 정립하고, 타인의 의견을 이해하고 수용하는 소통 능력을 발전시킬 수 있습니다.

2. 사고력 강화: 하브루타 교육은 학생들이 자신의 생각과 의견을 논리적으로 정리하고, 타인과 논리적으로 대화할 수 있는 능력을 향상시킵니다. 학생들은 서로의 의견을 비판하고, 자신의 의견을 변화시키기도 합니다. 이러한 과정에서 학생들은 논리적 사고력을 강화시키며, 문제 해결 능력을 배양할 수 있습니다.

3. 자기주도 학습 능력 강화: 하브루타 교육은 학생들이 자기주도 학습 능력을 강화시키는 데 큰 역할을 합니다. 학생들은 질문을 만들고, 자신의 생각과 의견을 주도적으로 제시해야 하기 때문입니다. 이러한 과정에서 학생들은 자신의 학습 방법을 개발하고, 자기주도적으로 학습할 수 있는 능력을 배양할 수 있습니다.

4. 문화 전수: 하브루타 교육은 유대인 문화를 전수하는 데도 중요한 역할을 합니다. 유대교 학생들은 하브루타 교육을 통해 유대교 성경을 공부하고, 전통적인 유대교 교육 방법을 배울 수 있습니다. 이러한 과정에서 유대인 학생들은 자신의 문화와 전통을 이해하고, 보존하는 데 큰 역할을 합니다. 또한, 하브루타 교육을 통해 학생들은 유대교 교육과 문화를 직접 체험하며, 이를

다른 사람들과 공유할 수 있습니다.

5. 도덕성 강화: 하브루타 교육은 학생들이 도덕적 가치와 윤리를 배울 수 있는 좋은 방법 중 하나입니다. 학생들은 서로에게 배려하고 존중하며, 서로의 의견을 수용하고 비판할 수 있어야 합니다. 이러한 과정에서 학생들은 도덕적 가치와 윤리를 배울 수 있으며, 자신의 생활에서 이를 실천할 수 있습니다.

6. 사회성 강화: 하브루타 교육은 학생들의 사회성을 강화하는 데도 큰 역할을 합니다. 학생들은 팀으로 일하고, 서로에게 도움을 주며, 문제를 해결하기 위해 협력합니다. 이러한 과정에서 학생들은 사회성을 강화하며, 사회에서 협력하고 소통하는 능력을 배양할 수 있습니다.

이러한 이유로 하브루타 교육은 유대인 교육에서 중요한 역할을 합니다. 하브루타 교육은 학생들의 소통 능력, 논리적 사고력, 자기주도 학습 능력, 문화 전수, 도덕성 강화, 사회성 강화 등 다양한 측면에서 학생들의 성장과 발전에 큰 도움을 줍니다.

Chat GPT

⋮

[창의력]
다양한 경험과 공감력이
창의력을 높여요

챗GPT가 세상에 나오면서 AI가 인간의 역할을 어디까지 대체할 수 있는지에 대한 관심이 높아지고 있습니다. 여러분은 어떤가요? 챗GPT가 계속 발전한다면, 인간을 대체할 수 있을 것이라고 생각하나요?

앞서 챗GPT가 학교라는 현장에서 선생님의 역할을 완전하게 대체할 수 없다고 이야기했는데요, 마찬가지로 AI가 인간을 완전히 대체하기는 어려울 것이라고 생각됩니다. 물론 이것도 지금 시점에서는 그렇지만, 미래의 어느 시점에는 AI와 인간이 구분되지 않는 순간이 올지도 모르죠.

하지만 인간은 여전히 AI가 경험하지 못하는 것들을 직접 경험할 수 있습니다. 데이터로 만들어지지 못하는 것들이 아직은 너무 많기 때문입니다. 같은 인간이라도 하늘을 보고 "파랗다" "오늘은 구름이 조금 있네" "코발트블루 색의 하늘이네" "정말 화창한 날씨네"라고 할 수 있죠. 보는 시점과 그날의 기분, 누구와 있는지에 따라 다양한 감정이 섞이면서 하늘을 보며 다양한 이야기를 합니다. 이런 개인만의 경험은 인간의 경쟁력이 되죠. 창의성의 원천이 되기도 합니다.

챗GPT는 '경험'에 대해 어떻게 이야기하는지 볼까요? "AI 시대가 오더라도 경험보다 중요한 건 없다고 생각하는데, 어떻게 생각해?"라고 질문했더니 "경험이 문제해결, 사람 간 관계, 창의성, 윤리적 판단에 있어 중요하다"고 답변합니다.

 '경험의 중요성'에 대한 챗GPT의 답변

경험은 매우 중요한 요소이며, 인간의 능력과 역량을 발전시키는 데 큰 역할을 합니다. AI가 발전하더라도 경험이 중요한 이유는 다음과 같습니다.

1. 문제해결 능력: 경험이 많은 사람은 과거 경험을 토대로 다양한 문제를 해결할 수 있습니다. 이러한 경험은 AI에게는 부족한 것입니다. 또한, 경험이 많은 사람은 새로운 문제에 대해서도 빠르게 대응할 수 있습니다.
2. 사람 간 관계: 경험이 많은 사람은 자신이 만난 다양한 사람들

과 대화하고, 협력하며, 문제를 해결해왔습니다. 이러한 경험은 사람 간 관계에서 매우 중요한 역할을 합니다.

3. 창의성: 경험이 많은 사람은 다양한 경험을 통해 창의적인 아이디어를 생각해내는 능력이 뛰어납니다. 이러한 능력은 AI에게는 부족한 것입니다.

4. 윤리적 판단력: 경험이 많은 사람은 이전의 경험을 토대로 윤리적인 판단을 내릴 수 있습니다. AI는 프로그래밍된 규칙과 데이터에 의해 작동하기 때문에, 윤리적 판단력을 가지지 못합니다.

따라서 경험은 AI와 같은 기술의 발전에도 여전히 매우 중요한 역할을 합니다. 경험이 많은 사람은 새로운 기술과 변화에 대한 대처능력이 뛰어나며, 기술의 발전에도 더욱 적응할 수 있습니다. AI는 데이터 분석과 패턴 인식에 대해 뛰어난 능력을 가지지만, 인간의 경험과 능력은 AI에게는 대체될 수 없습니다.

이런 인간만이 가지는 개인의 '경험'은 AI와의 차별화된 능력을 만들어내는데요, 특히 인간과 AI는 공감하는 데 있어 큰 차이를 보입니다.

챗GPT 또한 이를 인정하는데요, 챗GPT는 "AI는 아직 공감력이 약하다고 생각하는데 어떻게 생각해?"라는 질문에 대해 "아직은 AI가 감정 인식 기술력이 부족하다"고 답합니다.

 'AI의 공감력'에 대한 챗GPT의 답변

AI가 현재까지는 인간과 같은 수준의 공감력을 가지지 못하는 것은 맞습니다. AI는 인간과 달리 감정이 없으며, 인간의 감정을 이해하거나 공감하는 것은 아직까지 한계가 있습니다.

하지만 최근에는 AI의 감정 인식 기술이 발전하면서 이전보다는 감정적인 측면에서 인간과 더 유사한 행동을 보이기 시작했습니다. 예를 들어, 인공지능 챗봇은 자연어 처리 기술을 이용하여 사용자의 감정을 이해하고, 상황에 맞게 대응하는 기능을 가지고 있습니다. 또한, 인공지능 스피커에서는 음성인식과 감정 분석 기술을 이용하여 사용자의 감정을 파악하고, 상황에 따라 다양한 대화를 제안하는 기능이 제공되고 있습니다.

하지만 AI의 감정 인식 기술은 아직까지도 정확도가 떨어지는 경우가 있고, 인간과 같은 공감 능력을 가지지 못하는 것은 여전합니다. 따라서 AI와 인간의 차이점 중 하나는 감정의 측면에서 여전히 존재합니다. 그러나, AI의 감정 인식 기술이 더욱 발전하면서 미래에는 더욱 감정적인 측면에서 인간과 유사한 행동을 보이는 AI가 나올 수도 있을 것으로 예상됩니다.

다양한 데이터를 조합해서 새로운 것을 만들어낸다고는 하지만 아직까지 공감면에서는 기계적인 AI가 역량이 떨어질 수밖에 없는 것이죠. 특히 인간은 자신의 경험을 바탕으로 다양한 관점을 만들어낼 수 있습니다.

즉 저는 AI가 논리적인 계층 구조를 지닌 반면, 인간은 네트워크 구조를 통해 창의성을 발휘한다고 생각하는데요,[1] 김정운 교수는 『에디톨로지』라는 책에서 "정보와 정보의 새로운 편집을 가능케 하는 창조적 발견은 절대 논리적 사유로 가능한 것이 아니다"라고 말합니다.

▶ 계층적 구조

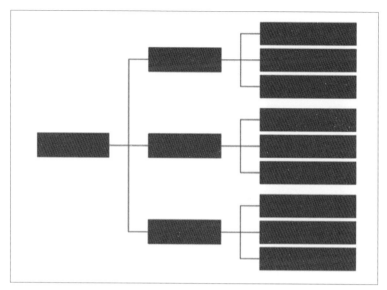

출처: 저자

▶ 네트워크 구조

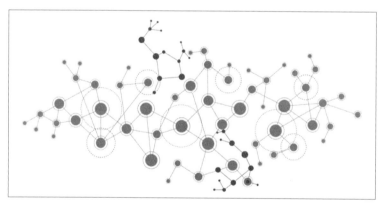

출처: our-voices.org.uk/university-network/about-the-network

MIT 미디어랩 학과장인 토드 마코버 교수 또한 "각기 다른 소리를 연결해 하나의 하모니를 만드는 것처럼 세상의 복잡한 현상 중 무엇이 중요한지 분별하고, 다른 사람이 보지 못한 새로운 것과 연결하는 것이 진정한 창의력"이라고 하면서 "어떤 기술이든 인간과 협업을 할 수밖에 없다"라고 말합니다.[2] 그리고 그 과정에서 인간의 창의력은 필요할 수밖에 없다고 합니다.

여러분은 마르셀 뒤샹의 '샘'이라는 작품을 알고 있나요? '샘'이란 작품은 뭔가를 새롭게 만든 게 아닌 기존 사물을 새로운 관점으로 해석한 것인데요, 그 사물은 바로 남성용 소변기입니다. 평범한 남성용

마르셀 뒤샹
〈샘〉

소변기가 어느 순간 예술 작품으로 바뀐 것이죠. 이러한 창의성을 AI가 보여줄 수 있을까요? 챗GPT를 여러 방면으로 활용해본 결과, 아직은 미흡합니다.

이와 비슷한 예술 작품이 또 있죠. 바로 파블로 피카소의 '황소머리'인데 자전거 안장과 핸들로 황소머리를 만든 작품입니다. 이 또한 뭔가를 창조하지는 않았고, 그냥 연결만 시켰을 뿐입니다. 챗GPT 같은

파블로 피카소
〈황소머리〉

AI도 이런 면에서는 능력이 탁월하지만 파블로 피카소처럼 저런 생각을 할 수 있을까요? 피카소의 이 작품은 런던경매장에서 300억 원에 팔렸다고 하는데요, 파블로 피카소는 "나는 찾지 않는다. 다만 있는 것 중에서 발견할 뿐이다"라고 말했습니다.

이런 창의적 발견을 아직은 챗GPT 같은 AI가 하기에는 이른 것 같기도 합니다. 물론 과거보다 AI는 정말 많이 발전했습니다. 단순히 사람의 말에 감정 없이 대화하던 과거의 AI가 아니죠. 정말 우리가 흔히 말하는 빅데이터를 학습했기 때문에 인간의 능력을 어떤 면에서는 뛰어넘습니다. 하지만 아직 인간의 감정 분야는 대체하지 못하고 있습니다.

그러니 여러분이 미래의 직업을 고민하고 있다면, AI가 대체하지 못하는 혹은 대체하기 어려운 분야를 찾아봐야겠죠. 그건 바로 인간의 경험에 기반한 혹은 공감력에 기반한 직업이지 않을까요? 거기서 창의력도 나오지 않을까요?

챗GPT에게 "AI가 대체하지 못하거나 혹은 대체하기 어려운 직업은 어떤 직업이라고 생각해?"라고 물어봤습니다. 그러자 재밌는 답변이 나왔습니다.

 'AI가 대체하기 힘든 직업'에 대한 챗GPT의 답변

AI는 인간과 다르게 감정, 직관, 창의성 및 도덕적 판단 등 인간적인 요소를 가지고 있지 않기 때문에, 이러한 인간의 경험과 공감력에 기반한 직업은 AI가 완전히 대체하기 어려울 것입니다.

　1. 예술가: 예술은 창의성과 인간의 감성에 의해 이루어지는 분야입니다. 예술가들은 자신의 감정과 경험을 작품에 담아내어 예술 작품을 만들어 내는데, 이러한 예술가의 창의성과 공감력은 AI가 대체하기 어렵습니다.

2. 교육자: 교육은 인간의 지식과 경험을 다른 사람에게 전달하는 과정입니다. 교육자는 학생들의 개인적인 상황과 배경을 고려하여 학생들에게 맞춤형 교육을 제공하는 역할을 합니다. 인간 교육자는 학생들의 감정적인 면에 대한 이해와 공감력이 필요하기 때문에, 이러한 부분에서 AI가 대체하기 어려울 것입니다.

3. 의료진: 의료진은 매우 복잡한 질병 및 환자의 상황을 다루어야 하며, 이러한 상황에서는 의사 또는 간호사와 같은 인간적인 측면이 매우 중요합니다. 진단과 치료는 다양한 변수와 환자의 개인적인 상황을 고려해야 하기 때문에, 인간의 경험과 판단력이 필요하며, 이는 AI가 대체하기 어려운 분야 중 하나입니다.

4. 법률가: 법률은 복잡한 문제와 인간의 도덕적 판단이 필요한 분야입니다. 법률가는 전문적인 지식과 윤리적 판단력을 갖춘 전문가입니다. 법률은 다양한 요인을 고려해야 하는데, 이러한 복잡성과 인간적인 판단력은 AI가 대체하기 어려운 분야 중 하나입니다.

따라서, 이러한 분야에서는 AI가 인간의 역할을 대체하기 어려울 것으로 예상됩니다. 그러나 AI 기술의 발전과 함께 이러한 분야에서도 AI가 인간을 보조하는 역할을 수행할 수 있을 것으로 예상됩니다.

어떻게 보면 기존 직업 중 인간의 감정이 필요한 분야가 있다면 대체되기 어렵다는 결론이네요. 당연히 그 비중이 중요하겠죠. 예를 들어, 신경정신과 의사는 어떨까요? 환자의 현재 고민을 들어주고 환자와의 공감대를 형성해야 하니 쉽게 대체되기 어렵겠죠. 일단 누군가와 직접 마주 보면서 일을 꼭 해야 하는 직업들은 더 그렇습니다.

너무 뻔한 답인 것 같기도 해 질문을 조금 바꿔 챗GPT에게 물어봤습니다. "AI 시대에 인간의 경험이나 공감력에 기반한, AI가 할 수 없는 새로운 직업은 무엇이 있을까?"라고 물었더니, 인간의 경험과 공감력을 활용한 AI 윤리 전문가, 중재자, 감성 디자이너 등의 새로운 직업을 알려주네요.

 'AI가 할 수 없는 새로운 직업'에 대한 챗GPT의 답변

AI 시대에도 인간의 경험과 공감력에 기반한 새로운 직업들이 생길 것으로 예상됩니다. 아래는 그러한 직업들의 몇 가지 예시입니다.

1. AI 윤리 전문가: AI는 이제 우리의 삶에 깊이 관여하고 있으며, 더 많은 영역에서 사용되고 있습니다. 그러나 이러한 발전은 도덕적인 문제를 일으키기도 합니다. 인공지능의 윤리와 도덕적인 측면에 대한 고민과 이를 해결하는 방법에 대한 전문적인 지식과 경험을 가진 전문가가 필요할 것입니다.

2. AI 중재자: AI의 발전으로 인한 일부 직업의 자동화로 인한 분쟁과 충돌이 새로운 문제로 떠오르고 있습니다. AI 중재자는 이러한 분쟁과 문제를 해결하기 위해 인간과 AI 사이의 중재자 역할을 수행하는 직업으로, 상호작용과 협력을 촉진하며 상황을 조정할 수 있는 능력이 필요합니다.

3. 가족 로봇 관리자: 인공지능 로봇이 우리의 가정에서 더욱 일상적인 존재가 됨에 따라, 로봇 관리자 역할이 중요해질 것입니다. 가족 로봇 관리자는 로봇과 함께 살아가며 로봇의 유지 및 정비, 프로그래밍, 안전 등을 관리하는 역할을 수행할 것입니다.

4. AI 감성 디자이너: AI는 사람들과 상호작용하면서 인간적인 감정을 인식하고 전달하는 능력을 향상시키는 기술적 개선이 필

요합니다. AI 감성 디자이너는 이러한 기술적인 개선을 도와 AI
가 더욱 감성적인 인간과의 상호작용을 할 수 있도록 하는 디자
인 작업을 수행할 것입니다.

5. 가치 창출자: 인공지능이 발전함에 따라, 경제적 가치를 창출하
는 새로운 방법들이 나타날 것입니다. 가치 창출자는 이러한 새
로운 가치 창출 방법들을 발견하고 개발하는 역할을 수행할 것
입니다.

이러한 직업들은 AI가 아직 완전히 대체하지 못하는 인간의 경험과 공감
력을 중심으로 발전할 것입니다. 따라서, AI 시대에도 인간은 AI와 함께
일하며 새로운 직업을 발견하고 개발할 수 있을 것입니다. 그리고 인간의
역량과 능력은 항상 AI가 대체하지 못하는 부분에서 빛을 발할 것입니다.

어떤가요? 앞으로 여러분이 어떤 직업을 가져야 할지 느낌이 오
나요? 흔히 '기계의 시대' 'AI 시대'라고 하는 지금의 시대에 정말
우리에게 필요한 직업은 무엇일까요? 십대인 여러분들도 꼭 한번
생각해보는 시간을 가져보면 좋겠습니다.

Chat GPT

[인문학]
인문 교육으로
AI에 대한 비판적 사고를 키워요

디지털 시대에 들어서면서부터, 언제부턴가 인문학이 위기라고 합니다. 서울 소재 대학 학과 통폐합 현황(2019~2022년)에 따르면, 인문계열 학과는 17개나 사라졌지만, 공학계열은 단 3개뿐이었습니다.[3] 반면 신설은 어땠을까요? 인문계열은 15개였지만 통합신설이 6개나 되었고, 공학계열은 23개였고 단순신설이 20개나 되었죠. 이처럼 우리나라의 인문학은 어느 순간부터 경쟁력이 급격히 약화되고 있는 상황입니다.

이런 분위기와 달리 챗GPT가 등장하면서 인문학의 중요성은 더 강조되고 있습니다. 국민대학교는 챗GPT의 등장에 따른 사회

▶ 서울 소재 대학의 학과 통폐합 현황(2019~2022년)

통폐합 학과	신설			
	총 신설	단순신설	통합신설	분리신설
인문계열	15	9	6	0
공학계열	23	20	1	2

통폐합 학과	폐과			
	총 폐과	단순폐과	통합폐과	분리폐과
인문계열	17	0	17	0
공학계열	3	1	1	1

출처: 국회 교육위원회 소속 강득구 의원실

변화에 대응하기 위해 AI 챗GPT 대학생 윤리선언문 가이드라인을 제정했습니다.

이 윤리 강령에는 다음과 같이 총 10개의 항목이 있는데요, "인공지능의 결과물을 비판 없이 그대로 활용하지 않습니다" "인공지능 활용에 있어서 창의적 질문과 논리적 비평만이 나의 지성입니다"라는 항목은 AI의 좋은 점은 받아들이되 인간 고유의 특성을 잃어버리지 말자는 뜻을 담고 있습니다.

▶ 국민대학교 챗GPT 대학생 윤리선언문 가이드라인

나는 국민대학교의 구성원으로서 인공지능 활용에 대해서 다음과 같이 선언합니다.
1. 인공지능의 기본 원리 및 최신 동향을 잘 파악합니다.
2. 인공지능을 맹목적으로 신뢰하거나 무조건 거부하지 않습니다.

3. 인공지능을 활용할 때 정보를 선별하고 진실을 확인하는 것은 나
의 책임입니다.

4. 인공지능이 창의적 인재 육성이라는 대학의 고유 목적을 훼손하
지 않도록 노력합니다.

5. 인공지능을 새로운 학습도구로 도입하는 것을 적극적으로 탐색
합니다.

6. 인공지능을 활용하는 혁신적인 학습 방식을 찾도록 노력합니다.

7. 인공지능의 사용 여부는 교수와 학생이 상호 합의합니다.

8. 인공지능의 결과물을 비판 없이 그대로 활용하지 않습니다.

9. 인공지능 활용 여부를 과제 제출 시 명확히 밝힙니다.

10. 인공지능 활용에 있어서 창의적 질문과 논리적 비평만이 나의
지성입니다.

챗GPT 같은 생성AI의 등장은 더 나은 미래를 만들 기회를 주지
만 그 미래를 만들어가는 역할은 결국 인간에게 있습니다. 특히 인
간 고유의 특성에 대한 집중이 부각되면서 인문 교육의 필요성도
높아지고 있죠.

현재 KAIST 총장인 이광형 교수는 혁신적 미래기술로 '포스트
AI'를 꼽으면서 "지금 우리가 하는 일들은 10~20년 후면 AI가 다
해줄 거예요. 그런 세상이 되면 인간이 필요로 하는 건 무엇일까
요? 그것을 알려면 상상을 해야 하는데, 상상은 인간에 대한 질문
에서부터 시작해야 해요. 인간을 연구해야 하는 이유죠. 인간이 무
엇을 원하는지, 거기에 응답해주는 기술을 개발해야 됩니다. 그래

야 미래의 주인공이 될 수 있어요. 남이 한다고 해서 그냥 열심히 따라가면 결국은 2등밖에 못합니다. 인문학 공부가 필요한 이유가 여기 있습니다"라고 말했습니다.[4]

이런 면에서 AI 시대 중요한 것 중 하나가 인문학적 소양의 증대를 통해 비판적 사고를 갖는 것입니다. 모든 걸 챗GPT에게 물어보고 그 답변을 그대로 활용할 수 있는 건 아니기 때문이죠. AI도 잘못 학습을 하면 인종·정치 등에 대한 편향성을 보유할 수 있고, 이는 사람들에게 올바르지 못한 관점을 심어줄 수 있기 때문입니다.

그래서 챗GPT는 정치·인종·성에 대한 질문에 답변을 하지 않게 설계되어 있긴 합니다. 오픈AI 공동 창업자 그렉 브록먼은 챗GPT에 대해 "인간이 관리·감독하고 검증할 필요가 있다"고 말했죠.[5] 인간만이 가지고 있는 비판적 사고를 바탕으로 챗GPT의 답변에 대해 피드백하면서 AI를 좋은 방향으로 활용해야 한다는 것입니다.

윤리학 분야의 사고실험인 '트롤리(전차)의 딜레마'라는 게 있습니다. 여러분은 선로를 조작하는 사람인데, 2개의 선로에서 여러분은 선로를 변경할 수 있는 위치에 있습니다. 그런데 저 멀리서 브레이크가 고장 난 전차가 다가오고 있고, 한 선로에는 1명이 움직일 수 없고, 다른 선로에는 5명이 움직일 수 없는 그야말로 난처한 상황입니다.

여러분은 이와 같은 딜레마 상황에서 어떤 결정을 내릴 건가요? 1명을 살릴 건가요? 아니면 5명을 살릴 건가요? 5명을 살리기 위해서 1명이 그냥 죽게 두는 그런 결정을 할 건가요? 대부분의 사람들은 5명을 살려야 된다고 이야기하겠죠. 소수보다 다수가 중요하다면서요.

▶ **트롤리의 딜레마 실험 모델**

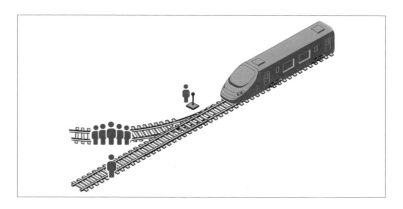

이런 윤리적 딜레마는 AI 시대에 더 이슈가 될 수 있겠죠. AI가 어떻게 학습하느냐에 따라 다를 수 있습니다. 인간은 그때그때 상황에 대한 판단을 하지만 AI는 미리 정해진 규칙에 의해 움직이기 때문입니다.

만약 위의 1명이 천재 과학자나 대통령이라면, 여러분은 어떻게 할 건가요? 사실 답은 없죠. 그런데 AI는 답을 갖고 접근합니다. 소수보다 다수를 살려야 한다는 알고리즘을 가지고 있다면 무조건 1명이 아닌 5명을 살리겠죠.

MIT의 도덕적 기계 프로젝트도 트롤리의 딜레마와 유사합니다. 자율주행 상황에서 마주할 수 있는 윤리적 딜레마를 실험한 건데요, 횡단보도에 어린아이와 어른이 있을 때 자율주행차는 누구를 피해야 할까요?

▶ **자율주행 상황에서의 윤리적 딜레마**

이 실험은 'AI의 알고리즘을 설계할 때, 어떤 기준을 적용해야 하는가?'라는 질문을 던지고 있는 것입니다. 여러분이라면 어떤 결정을 내릴 건가요? 대부분 어린아이를 구해야 한다고 말하죠. 하지만 이 또한 국가에 따라, 문화에 따라 달라질 수도 있습니다. 연장자를 공경하는 국가라면 어른을 구해야 한다는 생각을 가질 수도 있지 않을까요?[6]

실제로 '모럴 머신(Moral Machine)'이라는 사이트가 있는데요,

이 사이트에서는 13가지의 윤리적 딜레마와 관련된 상황을 제시하고 있습니다.

▶ **모럴 머신 사이트**

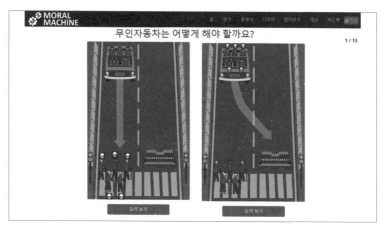

출처: 모럴 머신

이 13가지의 윤리적 딜레마 상황에 대해 여러분은 왼쪽 상황을 선택할지, 오른쪽 상황을 선택할지를 클릭하면 됩니다. 그러면 여러분이 어떤 의사결정을 했는지 알려주는데요, 개입에 대한 회피 선호도, 법규 준수 여부의 선호도, 성별 선호도, 승객 보호 선호도, 희생자 숫자의 중요도, 체력 선호도, 사회적 가치관 선호도, 연령 선호도, 종에 대한 선호도 등 총 9가지의 선호도를 분석한 결과를 제시해줍니다.

▶ 의사결정에 대한 결과 분석

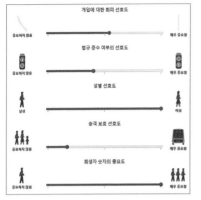
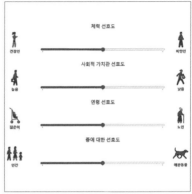

출처: 모럴 머신

    지금까지 AI의 윤리적 딜레마에 대해 살펴봤는데요, 앞서 말한 상황이 온다면 인문 교육이 기술보다 더 중요하지 않을까요? 특히 기술의 발전과 AI의 등장으로 인간의 역할이 변화하고 있지만 인간만이 가지고 있는 감정, 공감, 창의성 같은 고유의 특성 때문에 더 그러지 않을까요?

    인문 교육은 문학, 예술, 철학, 역사 등을 다루며, 이를 통해 인간의 감성과 미적 감각을 보다 향상시키고, 공감 능력을 기를 수 있습니다.

    또한 인문 교육은 창의성을 키우기 위한 핵심적인 요소입니다. 인문학적인 지식과 능력은 새로운 문제를 해결하고, 새로운 아이디어를 창출하는 데 도움을 줄 수 있습니다.

    이뿐만이 아닙니다. 인문 교육은 문화나 사회를 이해하는 데 필요한 지식을 제공하기도 하죠. AI는 데이터를 기반으로 하기 때문에 기술 측면에서는 발전이 빠르게 이루어지지만 문화나 사회에 대한 이해는 더딥니다. 이러한 AI의 한계를 극복하고, AI 기술의 발전을 인간의 문화와 사회에 녹여내기 위해서는 인문 교육이 필수적입니다.

이를 다시 정리해보면, 인문 교육을 해야 할 필요성은 크게 3가지 관점으로 정리할 수 있습니다. 그것은 바로 '인간, 창의성, 윤리'입니다.

첫째, 인문학은 인간과 인간의 삶을 이해하는 학문이며, 이를 통해 AI가 가져올 수 있는 문제와 도전에 대한 대처방안을 찾을 수 있습니다. 예를 들어, 인간과 인간의 상호작용을 고려하지 않은 AI 시스템은 이해하기 어려운 결과를 낼 수 있습니다. 하지만 인문학적 지식은 인간과 인간의 상호작용에 대한 이해를 높여 이러한 문제를 해결할 수 있습니다.

둘째, 인문 교육은 창의적인 사고와 문제해결 능력을 개발하는 데 도움이 됩니다. 인문학은 인간의 사고와 감정, 역사, 문화 등을 다루는 학문입니다. 이러한 인문학적 지식을 바탕으로 우리 인간은 창의적인 문제해결 능력을 키울 수 있습니다. AI 기술이 발전하면서 AI의 인간 대체 가능성을 제기하고 있지만, 창의력이나 인간적인 감성을 필요로 하는 분야에서는 아직까지 인간이 필요합니다.

셋째, 인문 교육은 윤리적인 측면에서 중요합니다. AI가 인간의 삶과 관련된 의사결정을 내릴 때는 윤리적인 측면을 고려해야 합니다. 인문학적 지식은 윤리적 문제를 인식하게 하고, 이를 해결할 수 있는 방안을 제시할 수 있습니다.

지금 사람들에게 중요한 것은 무엇일까요? 바로 '삶의 의미'입니다. 세계적인 석학인 유발 하라리 또한 『초예측』이라는 책에서 과학기술로 인한 실존적 위기를 인류에게 닥칠 3가지 위기 중의 하나라고 말했습니다.[7]

왜 그럴까요? 점점 인간의 역할을 대체할 수 있는 AI의 발달은 인간 스스로 자신들이 왜 살아야 하는가에 대한 질문을 하게끔 만들기 때문입니다.

사실 인간은 끊임없이 활동을 하면서 스스로 삶의 의미를 찾아갑니다. 그렇지 않으면 어떤가요? 살아가는 게 무기력해지고, 자신은 스스로 '이 세상에서 필요 없다'는 생각을 하게 만들죠. 이런 세상에서는 인문 교육의 중요성이 당연히 높아질 수밖에 없습니다. 단순 노동은 기계에 의해 대체되고, 인간은 더 고차원적인 일에 집중해야 되는 상황이 옵니다. 그런 일은 결국 인문학적 사고에 바탕을 둔 창의적 업무입니다.

챗GPT에게 "프롬프트 엔지니어가 되기 위해 필요한 지식, 스킬, 태도는 무엇일까?"라고 물어보니, 언어, 문학, 논리, 문화 등 다양한 인문적 지식을 이야기합니다.

'프롬프트 엔지니어가 되기 위한 핵심 역량'에 대한 챗GPT의 답변

1. 언어학적 지식: 프롬프트 엔지니어는 자연어 처리(NLP)를 위해 언어학적 지식을 보유해야 합니다. 언어학적 지식은 언어의 구조, 의미, 문법 등을 이해하는 데 도움이 됩니다.

2. 문학적 지식: 대화형 인공지능 모델을 개발하는 과정에서 문학적 지식은 중요한 역할을 합니다. 문학적 지식은 문장 구조, 표현 방법, 인물 상황 등을 이해하는 데 도움이 됩니다.

3. 커뮤니케이션 스킬: 프롬프트 엔지니어는 대화형 인공지능 모델을 개발하면서 사용자와의 원활한 소통이 필요합니다. 따라서, 효과적인 커뮤니케이션 스킬이 필요합니다.

4. 논리적 사고와 비판적 사고: 프롬프트 엔지니어는 인공지능 모델을 개발하면서 논리적 사고와 비판적 사고가 필요합니다. 인공지능 모델의 설계, 개발, 문제 해결 등 다양한 과정에서 논리적 사고와 비판적 사고를 바탕으로 문제를 해결해 나갈 수 있습니다.

5. 인간 중심적인 사고와 태도: 대화형 인공지능 모델은 사용자의 니즈와 요구사항을 충족시켜야 합니다. 이를 위해, 사용자 중심적인 사고와 태도가 필요합니다. 사용자의 요구사항과 니즈를 바탕으로 대화형 인공지능 모델을 개발해 나갈 수 있습니다.

6. 문화적 이해와 다양성 인식: 프롬프트 엔지니어는 다양한 문화와 다양성을 인식하고 이를 존중할 수 있는 태도가 필요합니다. 사용자들의 문화적 차이나 언어적 차이를 이해하고 존중하는 태도가 필요합니다.

사람들의 꿈은 의사나 변호사가 되는 게 아니라 삶의 의미를 찾을 수 있는 일을 하는 것, 행복한 사람이 되는 것입니다. 앞으로는 좌뇌형 인간보다는 우뇌형 인간이 미래를 만들어가고 세상을 이끌어가게 되는 것이죠.

다니엘 핑크라는 미래학자는 하이콘셉트와 하이터치를 미래 키워드로 제시했는데요, 하이콘셉트는 '연결'을 강조하고, 하이터치는 '공감'을 강조합니다. 연결은 무엇일까요? 기존에 있는 것을 서로 연결해 새로운 것을 창조해내는 능력이며, 공감은 다른 사람의 감정을 이해하는 능력이죠. 이를 위해서는 인문학적 사고가 필수입니다.

인문학은 끊임없는 질문을 통해 서로 관계가 없는 것들을 연결시켜주는 역할을 할 뿐만 아니라 타인의 감정을 이해해 어떻게 세상을 살아가야 하는지를 알려줍니다. 심리학, 인류학, 철학, 문학 등이 이런 능력의 기반이 되는 것입니다.

한 연구에 따르면, 인문학 전공 대졸자들은 여러분이 아는 것처럼 취업이 어려웠습니다.[8] 소득수준도 낮았죠. 그런데 이건 단기적인 관점의 결과였습니다. 10년 후에는 조금씩 순위가 올라가더니 결국은 어떻게 되었을까요? 평생 소득 분포에서 최상위에 있던 사람들은 누구였을까요? 그들은 바로 정치, 역사, 철학 등을 전공한 인문학자였습니다.

지금도 마찬가지 아닐까요? 컴퓨터공학, AI 등을 전공한 사람들이 높은 연봉을 받고 있으며, 수요가 너무 많아 오히려 공급 부족현상을 겪고 있죠. 하지만 장기적인 관점에서는 어떨까요? 물론 컴퓨터공학, AI에 대한 수요는 계속 높겠지만 그렇다고 모든 사람이 높은 소득을 올리는 건 아니겠죠.

그러면 어떻게 해야 여러분들이 인문학적 사고를 높일 수 있을까요? 가장 쉬운 방법은 '독서'입니다. 인문학에서는 문학, 역사, 철학, 예술 등의 다양한 분야의 지식을 다루기 때문입니다. 특히 독서는 여러분이 직접 경험해보지 못하는 것들을 텍스트를 통해 경험하게 합니다. 그리고 이런 텍스트를 통한 경험은 여러분의 상상력을 자극시키죠. 그리고 실제 여러분이 직접 경험을 했을 때는 그 간접 경험이 대상에 대한 여러분의 사고 능력을 한층 높여줍니다.

둘째, 문화 활동 참여입니다. 인문학은 문화와 예술을 중요시하는 분야이므로, 문화 활동에 적극적으로 참여해 자신만의 인문적인 경험과 감성을 쌓을 수 있습니다. 예를 들어, 공연 관람, 미술관 방문, 박물관 순회, 창작활동 등을 통해 다양한 문화와 예술을 경험할 수 있습니다. 그러다 보면 입체파 화가 피카소, 초현실주의 화가 르네 마그리트처럼 남들이 보지 못한 새로운 시각의 작품을 만들 수도 있지 않을까요?

셋째, 주변의 문제에 대한 관심과 고민입니다. 인문학은 인간과 인간의 상호작용, 문화, 역사, 사회 등을 다루는 학문이므로, 주변의 문제에 대해 관심을 가지고 생각해보는 것이 인문학 마인드를 갖는 데 중요합니다. 이런 주변에 대한 관심은 곧 관찰로 이어지고, 그 관찰은 곧 여러분만의 새로운 관점을 획득하는 지름길을 알려줍니다. 사실 창의력, 상상력이라는 것도 결국은 관찰과 관심에서 비롯되기 때문이죠.

넷째, 다양한 경험의 축적입니다. 인문학에서는 경험이 매우 중요한 역할을 합니다. 다양한 경험은 여러분이 가지고 있는 시각을 확장시킬 수 있는 원동력이기 때문이죠. 예를 들어, 여행을 다니거나 다양한 활동을 즐기는 것 등 다채로운 경험을 통해 자신만의 인문학적 지식과 감성을 쌓을 수 있습니다. 이를 통해 여러분은 챗GPT가 알려주는 답변을 자신만의 시각으로 재해석할 수 있는 능력이 생기겠죠.

마지막으로, 비판적 사고입니다. 일상에서 접한 다양한 정보를 비판적으로 분석하고 판단할 수 있는 능력을 기르는 것이 중요합니다. 예를 들어, 인터넷과 같은 매체를 통해 정보를 얻을 때는 항상 진실성과 신뢰성을 검토하고, 다양한 시각과 의견을 고려하는 것이죠. 그렇게 하다 보면 챗GPT의 거짓 정보 문제도 해결할 수 있고 여러분은 AI를 올바르게 활용할 수 있는 방법을 자연스럽게 배울 수 있겠죠.

Chat GPT

⋮

[문해력]
문해력 기르고
'쓰는 사람'이 되세요

스마트폰이 보급되면서 교육 분야에서 가장 중요한 이슈 중 하나가 문해력인데요, 문해력은 말 그대로 글자를 읽고 이해하는 능력입니다. 하지만 단순히 글자 하나하나를 읽고 이해하는 게 아니라 문장 속에서 각 글자의 의미를 파악해 전체 문장이 무슨 의미를 나타내는지 아는 것이죠.

문맹이 아니라면 누구나 글자를 읽을 수 있습니다. 하지만 이해하고 이를 적용해서 활용하는 것은 완전히 다른 이야기입니다. 앞서 인터넷상에서 '금일' '심심한 사과'의 뜻을 알지 못해 '금요일' '할 일이 없어 심심하다'라는 뜻으로 이해하고 엉뚱한 댓글을 단

일은 지금 학생들의 문해력이 얼마나 심각한지를 알려준다고 소개했죠.

여러분의 문해력은 어떤 수준인가요? 다음 어휘력 문제를 한번 풀어볼까요?

밑줄 친 단어가 적절하면 ○, 부적절하며 ×를 선택하시오.

문제 1. 코로나와 감기는 증상이 비슷해 혼돈하기 쉽다.

문제 2. 공지사항: 영화 시작 후에는 예매 취소가 불가피합니다.

여러분은 위의 2개 문제에 대해 답이 뭐라고 생각하나요? EBS에서 방송한 〈당신의 문해력〉에서는 중학교 3학년 학생들을 대상으로 위와 같은 문제를 가지고 어휘력 진단평가를 실시했는데요,[9] 평가는 0~43점, 44~87점, 88~100점의 3단계로 나뉩니다. 0~43점은 교과서를 읽어도 내용을 파악하지 못하는 수준이고, 44~87점은 전반적인 내용만 이해할 뿐 세부 내용은 이해하지 못하는 수준이고, 88~100점은 교과서의 세부 내용까지 파악 가능한 수준이었습니다.

평가 결과, 0~43점은 11%, 44~87점은 80%, 88~100점은 9%로 나타났습니다. 지금의 십대들이 얼마나 어휘력이 부족한지를 나타내는 결과였죠. 특히 초중등 학생들이 서술형인 창의수학 문제를 틀리는 이유 중 하나도 결국 문제가 무슨 말인지 몰라서 틀리는 경우가 다반사입니다.

문해력이 꼭 국어와 관련된 것은 아닙니다. 모든 과목과 관련이 있죠. 왜냐하면 글을 읽고 이해하지 못하면 다른 과목도 공부할 수 없기 때문입니다.

다음은 초등학생 영재 수학 문제인데요, 대부분의 학생들이 자주 틀리는 문제 중 하나입니다. 정답은 뭘까요? 한 문장 한 문장을 잘 읽어봐야 합니다.

> 서은이는 가진 돈의 절반으로 지우개를 사고, 남은 돈으로 200원짜
> 리 연필을 샀습니다. 그리고 남은 돈의 절반으로 머리핀을 샀더니
> 50원이 남았는데요. 서은이가 물건을 사기 전에 가지고 있던 돈은
> 얼마일까요?

처음 가진 돈은 얼마인지 모르지만 가진 돈의 절반은 문제로 알 수 있습니다. 가진 돈의 절반은 '200원(연필)+50원(머리핀)+50원(남은 돈)=300원'이죠. 그러면 가진 돈의 절반은 지우개를 샀다고 했으니 지우개 가격은 300원이겠죠. 그러면 답은 600원인데요, 만약 여러분이 문장을 잘 이해하지 못하면 잘못 계산할 가능성이 충분한 문제입니다.

모든 공부에서 문해력은 중요한데, 안타깝게도 우리나라 학생

들의 읽기 능력은 계속해서 하락하고 있는 것으로 나타나고 있습니다. OECD가 발표하는 국제학업성취도평가(PISA, Program for International Student Assessment)의 읽기 소양(reading literacy) 결과를 보면, 우리나라는 2009년에 539점이었는데 2018년에는 514점으로 25점이나 떨어졌습니다. 동남아 국가인 인도네시아의 −30점, 태국의 −27점에 이어 세 번째로 하락 폭이 컸죠. 그래서 OECD 순위 또한 우리나라는 1~2위에서 2~7위로, 전체 순위는 2~4위에서 6~11위로 하락했습니다.

▶ 우리나라 학생들의 주기별 읽기 소양 추이[10]

소양	연구주기 (OECD 참여국 수 / 전체 참여국 수)	PISA 2000 (28/43)	PISA 2003 (30/41)	PISA 2006 (30/57)	PISA 2009 (34/75)	PISA 2012 (34/65)	PISA 2015 (35/72)	PISA 2018 (37/79)
평균 점수		525	534	556	539	536	517	514
순위	OECD	6	2	1	1~2	1~2	3~8	2~7
	전체	7	2	1	2~4	3~5	4~9	6~11

출처: 교육부

PISA에서 평가하는 읽기 소양은 만 15세 학생들을 대상으로 하는데요, 단순 읽기가 아닌 문법, 광범위한 언어적·텍스트적 구조의 이해, 세계 이해 능력, 읽기에 대한 메타인지 등 광범위한 인지적·언어적 역량까지 포함합니다.[11] 더 큰 문제는 '성취수준별 비율'에 있습니다. 성취수준별 비율에서 2수준 이하의 비율이 점차 증가하고 있다는 것입니다.

▶ 우리나라 학생들의 읽기 소양 성취수준의 추이(%)[12]

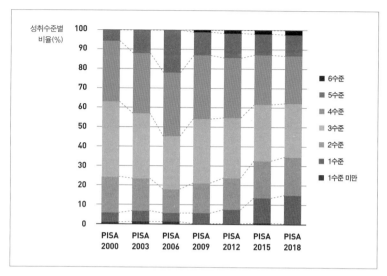

출처: 교육부

　이 수준이 어느 정도의 읽기 소양을 나타내는지 보겠습니다. 예를 들어, 5수준이 '긴 텍스트를 읽고 관련 있는 정보들을 유추'한다면, 1a수준은 '문장이나 짧은 구절의 축자적 의미 이해'라고 볼 수 있습니다. 1수준은 1a, 1b, 1c로 구분되는데, 1수준 중에서는 가장 높은 수준이죠.

　이처럼 우리나라의 문해력 수준은 심각한 수준까지 왔습니다. 초중고 책 중에는 문해력 책이 베스트셀러가 되고 있죠. 이뿐인가요. 『어른의 문해력』이라는 책도 출간되었는데, 꾸준히 잘 팔리고 있습니다. 문해력이라는 게 이제는 학생들만의 문제가 아니라는 것이죠. 2028년 대학 수학능력시험부터는 서술 및 논술형 문제가 도입된다고 하니 문해력은 앞으로 갈수록 더 중요해질 수밖에 없는 상황입니다.

▶ 5수준과 1a 수준의 특성[13]

성취 수준	최저 점수	특성
5수준	626	• 긴 텍스트를 읽고 관련 있는 정보들을 유추할 수 있다. • 텍스트의 일부에 대한 깊은 이해를 바탕으로 인과적 또는 다른 형태의 추론을 할 수 있다. • 여러 텍스트에 분산되어 있는 정보들 간의 관계를 추론함으로써 간접적인 질문에 답할 수 있다. • 성찰 및 평가 과제는 구체적인 정보로부터 이끌어 낸 가설 및 가설에 대한 비판적 평가를 요구한다. • 추상적이거나 복잡한 질문을 읽고 내용과 목적, 사실과 의견을 구별할 수 있다. • 정보의 출처 및 내용과 관련된 명시적·암시적 단서를 기반으로 편견의 유무나 중립성을 평가할 수 있다. • 텍스트에 제공된 결론이나 주장의 신뢰성을 평가할 수 있다. • 추상적이거나 직관적이지 않은 개념을 다루는 일, 목표에 도달하기까지 여러 단계를 거치는 일이 포함되는 과제를 수행한다. • 정보를 비교하고 대조하기 위해 여러 개의 긴 텍스트를 읽으며 텍스트의 앞뒤를 자유롭게 오갈 수 있다.
1a 수준	335	• 문장이나 짧은 구절의 축자적 의미를 이해할 수 있다. • 글의 주제나 저자의 목적을 파악할 수 있다. • 인접한 여러 정보들 또는 주어진 정보와 독자의 배경지식 사이를 연결할 수 있다. • 간단한 안내를 기반으로 관련 정보를 선택하고, 짧은 텍스트 내에서 하나 이상의 독립적인 정보를 찾을 수 있다. • 명시적 단서를 포함하는 간단한 텍스트에서 정보 제시의 목적과 정보 간 상대적 중요성을 파악할 수 있다. • 이 수준에 해당하는 대부분의 과제에는 수행 과제의 목적, 과제 수행 방법뿐만 아니라 독자가 텍스트에서 주의를 집중해야 하는 위치에 대한 명시적인 단서가 있다.

출처: 한국교육과정평가원

해외에서는 이런 평가를 이미 도입하고 있는데요, 그중에서도 프랑스의 '바칼로레아'가 가장 유명하죠. 바칼로레아는 시험 문제가 모두 논술형이라고 합니다. 특히 프랑스어 과목은 두 문제 중 한 문제를 골라 4시간 동안 한 편의 글을 완성해야 하죠.[14] 프랑스에선 수학도 마찬가지로 서술형이라, 채점도 답이 아닌 풀이 과정에 집중합니다.

▶ 해외 논술·서술형 대입 평가 현황

국가	대입시험명	시험성격	특징
중국	가오카오	선발	서술·논술형 포함
일본	대입공통시험	선발	서술·논술형 포함
영국	A-level	졸업자격	서술·논술형
미국	SAT·ACT	선발	선택형, 에세이 선택
프랑스	바칼로레아	졸업자격	서술·논술형
호주	VEC	졸업자격	선택형, 논술·서술형
핀란드	대입자격시험	졸업자격	선택형, 논술·서술형
독일	아비투어	졸업자격	논술·서술형

출처: 한국교육과정평가원

그러면 챗GPT 시대에 문해력이 중요한 이유는 무엇일까요? 챗 GPT 시대에는 질문이 중요하다고 앞서 말했죠. 그런데 질문을 하려면 여러분이 먼저 많은 것을 알고 있어야 합니다. 많은 독서가 필요하고, 독서를 통해 저자가 말하고 싶은 게 뭔지 알아야죠. 이때 문해력이 필요합니다.

인간의 뇌는 정보를 받아들일 때, 비슷한 정보가 이미 뇌에 있다면 쉽게 받아들이고 오랫동안 기억할 수 있게 되어 있습니다. 그래서 여러분이 '어떤 정보를 알고 있느냐 모르냐'에 따라 뇌의 활성화 정도가 달라집니다. 예를 들어, 잘 아는 정보는 0.1~0.2초 사이에 기억하고 있는 배경지식이 활성화되지만, 그 반대의 경우에는 0.2초에 한 번, 0.4초에 한 번 더 폭발적으로 활성화된다고 합니다.[15] 결국 독서는 다양한 배경지식을 쌓게 하고, 이 지식은 여러분이 빠르게 문해력을 높일 수 있는 초석이 되는 것이죠.

특히 챗GPT의 답변을 보고 편향된 혹은 거짓된 정보는 걸러낼 수 있는 비판적 사고를 해야 하는데, 이때 문해력은 필수겠죠. 챗GPT는 여러분의 질문에 바로바로 답변을 해줄 수 있고, 그 답변의 양은 끝이 없습니다. 그런데 여러분이 무조건 질문을 하고 답변을 받아본다고 해도 자기의 것으로 소화하지 못한다면 어떻게 될까요? 지금도 정보 과잉으로 수많은 정보를 어떻게 정리해야 할지 모르는데, 더 어려운 상황을 맞이할 수도 있지 않을까요? 문해력이 부족하면 글의 구조와 의미를 빠르게 파악하지 못해 이제는 누군가가 요약해주지 않으면 글자를 읽지 못하는 새로운 문맹의 시대에 들어설지도 모릅니다.

문해력과 함께 챗GPT 시대에 필요한 건 '글쓰기'입니다. 여러분은 지금 '보는 사람' '읽는 사람'이 되어가고 있는데, 이제는 손에서 연필을 놓지 않고 항상 뭔가를 쓰는 사람이 되어야 합니다.

챗GPT가 웬만한 글은 다 작성해주는데 글쓰기 활동이 왜 필요한지 궁금해할 수도 있습니다. 하지만 쓴다는 것은 단순히 글자를 적는 활동이 아닙니다. 뭔가를 끊임없이 생각하는 과정이죠. 그래서 한 초등학교 선생님은 "정보를 그림이나 영상으로 받아들이다 보니 문해력이 떨어진다"면서 "실제로 시험을 쳤을 때, 알고 있는 것인데 문제에 대한 이해도가 떨어져서 틀리는 경우가 많다"라고 말합니다.[16] 그만큼 수동적으로 보는 활동은 생각하는 과정과는 거리가 먼 활동인 것이죠. 물론 우리가 어떤 대상을 주의 깊게 관찰하는 것과는 다릅니다.

이런 쓰기 활동은 여러분의 어휘력을 높여서 문해력의 기초를 닦아줍니다. 여러분이 어떤 대상에 대해 표현하고 싶은데, 그 단어가 생각나지 않을 경우 사전에서 그 단어를 찾아볼 수도 있겠죠. 그런데 이런 활동은 단순한 단어 찾기 활동이 아닌 여러분의 사고력을 한 단계 높여줄 수 있는 체력을 길러줍니다.

글쓰기와 관련한 연구가 있는데요,[17] 이 연구에서는 학습과 관련해 첫 번째 집단에는 학습자료를 줘서 공부시키고, 두 번째 집단에는 자료 요약을 건네줘 공부시키고, 세 번째 집단에는 학습과 관련된 주장하는 글쓰기를 시킨 후에 똑같은 시험을 보게 했습니다.

과연 어떤 시험 결과가 나왔을까요? 두 번째 집단과 세 번째 집단이 첫 번째 집단보다 높은 점수를 받았다고 합니다. 그만큼 글쓰기는 어떤 내용을 이해하는 문해력 향상에 큰 도움이 된다는 것을 알 수 있습니다.

글쓰기는 또 스스로 글의 구조를 만들어서 체계적으로 생각할 수 있는 힘도 길러줍니다. 글의 구조를 파악하는 능력은 문해력에 있어 뼈대 같은 것인데요, 챗GPT가 아무리 좋은 말을 많이 쏟아내도 여러분이 글의 구조를 파악하지 못하면 의미가 없습니다. 독서할 때도 마찬가지죠. 글의 구조를 알아야 작가가 이 글을 어떻게 전개하는지, 그리고 각 단계의 핵심 주제를 알 수가 있죠. 이런 글쓰기를 통해 여러분은 챗GPT의 답변도 여러분 스스로 구조화해서 자신만의 것으로 소화시킬 수 있습니다.

토머스 에디슨이나 레오나르도 다빈치 등의 천재들 또한 단지 뭔가를 '보는 사람'이 아닌 '쓰는 사람'이었다는 사실을 잊지 마시기 바랍니다. 역사적인 천재들 또한 항상 수많은 아이디어를 노트에 적으면서 자신의 생각을 정리하고 이를 바탕으로 새로운 것을 만들어냈다는 것을 기억한다면 '쓴다'라는 게 얼마나 중요한 활동인지 알 수 있겠죠.

챗GPT에게 "챗GPT 시대에 문해력과 글쓰기가 중요한 이유는 뭘까?"라고 질문했습니다. 정보의 폭발적 증가, AI와의 경쟁, 전문성 요구 증가, 커뮤니케이션 능력 강화 때문에 문해력과 글쓰기가 중요할 수밖에 없다고 이야기하네요.

'챗GPT 시대에 문해력과 글쓰기가 중요한 이유'에 대한 챗GPT의 답변

1. 정보의 폭발적인 증가
인터넷과 스마트폰 등의 발달로 인해, 매우 많은 양의 정보가 쏟아지고 있습니다. 이에 따라, 문해력은 이 정보를 정확히 이해하고 분석할 수 있는 능력을 가지게 해줍니다.
2. 인공지능과의 경쟁
인공지능 기술은 계속해서 발전하고 있습니다. 이에 따라, 사람들은 더욱 높은 수준의 인공지능과 경쟁해야 합니다. 문해력과 글쓰기 능력이 높을수록, 인공지능과 경쟁할 수 있는 능력이 강화됩니다.

3. 전문성 요구 증가

현대 사회에서는 전문성을 가진 사람이 더욱 필요합니다. 전문성을 가지려면, 문해력과 글쓰기 능력이 중요합니다. 전문 분야에서 작성되는 문서를 이해하고 쓸 수 있는 능력이 있는 사람은 전문성을 높일 수 있습니다.

4. 커뮤니케이션 능력 강화

문해력과 글쓰기 능력은 커뮤니케이션 능력을 강화시킵니다. 효과적인 커뮤니케이션은 업무나 인간관계에서 매우 중요한 역할을 합니다. 문해력과 글쓰기 능력이 높으면, 다른 사람들과의 의사소통이 더욱 원활해집니다.

폴 부르제라는 프랑스 소설가는 "생각하는 대로 살지 않으면 사는 대로 생각한다"라는 유명한 말을 남겼습니다. 여러분이 끊임없이 뭔가에 대해 생각하고 쓰는 활동을 한다면, 조금 더 가치 있는 삶을 살지 않을까요? 그게 여러분의 평온한 일상이 되었든, 거창한 꿈이 되었든 말이죠.

Chat GPT

:

[메타인지]
미래에는
주체적인 사람을 원해요

"정해진 길을 찾아가는(path-finding) 것이 아니라, 자신만의 방식을 만드는(path-building) 인재가 필요하다."[18]

2020년 정부에서 발표한 〈인공지능시대 교육정책방향과 핵심과제〉라는 보고서에 있는 내용인데요, 국가에서도 AI 시대 아이들의 교육에 있어 정형화된 틀에서 벗어나 새로운 교육이 필요하다고 생각하고 있는 것입니다.

이 보고서에는 인간과 AI가 공존하는 미래 패러다임에서 필요한 교육을 제시하고 있습니다. 과거에는 최적의 경로를 찾는 게 교육의 목표였다면, 이제는 인간이 새로운 틀을 제시하고 AI는 최적의 경로를 찾는 것을 목표로 한다고 합니다. 인간이 새로운 틀을 제시한다는 내용이 굉장히 중요한데요, 틀만 제시해주면 AI가 알아서 해주기 때문에 인간은 기존에 없었던 새로운 방향을 고민해야 하죠.

▶ 인간과 AI가 공존하는 미래 패러다임에서 필요한 교육

구분	과거 패러다임	미래 패러다임	
개념도	〈인간 + 기술·도구〉	〈인간〉	〈AI〉
목표	최적의 경로(정답) 찾기	〈인간〉 새 구조(틀) 제시, 구조 간 융합 등	〈AI〉 최적의 경로 찾기
역할	관련 지식 활용·응용, 관련 기술·도구 활용 → 정답 도출	질문제시, 새로운 과정 유도, AI 활용, AI 결과 판단 등	주어진 구조 내 학습·추론 → 정답 도출
요구사항	관련 지식, 기술·도구 활용법	인간 고유 역량, 미래교양	정확성, 빠른 추론

출처: 보고서 〈인공지능시대 교육정책방향과 핵심과제〉

그에 따라 필요한 역할도 달라지겠죠. 위의 도표에서 볼 수 있 듯이 질문제시, 새로운 과정 유도, AI 활용, AI 결과 판단이 인간의 주요 역할이 되고, AI는 주어진 구조 내 학습과 추론을 통해 정답을 도출한다고 되어 있습니다. 특히 요구사항을 보면, 인간에게 있어서는 인간 고유 역량이 중요하다고 이야기합니다.

미래에는 배움 그 자체도 중요하지만 스스로 뭔가를 만들어갈

수 있는 능력이 중요합니다. 특히 기계에 의존하는 것이 아닌 기계를 이끌고 나갈 수 있는 능력 말이죠. 이를 위해서는 상위권 학생들의 공부 잘하는 비법 중의 하나인 '메타인지'가 중요할 수밖에 없습니다. 스스로 어떤 걸 알고 모르는지 판단해야 새로운 것도 만들어낼 수 있기 때문입니다. 『메타인지 학습법』을 쓴 리사 손 교수는 "메타인지는 현재 나의 인지 상태를 모니터링하는 능력"이라고 말하면서 "모니터링 능력을 발달시키기 위해서는 자신이 무엇을 '어려워하는지' 알아야 함과 동시에 '모를 수도 있다'는 사실을 인정해야 한다"라고 했습니다.[19]

챗GPT 시대에 질문이 중요한 이유와 마찬가지죠. 일단 무엇을 알고 무엇을 모르는지 알아야 질문도 가능하기 때문입니다. 점점 기계와 AI가 인간의 역할을 대체하고 있기 때문에 인간은 점점 스스로 사고하는 능력을 높여야 합니다. 메타인지는 결국 '자신이 어떤 일을 성공적으로 수행할 수 있는 능력이 있다'는 믿음을 심어주어 자기효능감을 높이고, 더 나아가 자기 스스로를 존중하고 사랑할 수 있게 만듭니다.

AI 시대가 될수록 인간의 가치에 대한 논쟁이 더욱 심화될 때, 여러분이 메타인지를 통해 여러분 스스로의 가치를 높일 수 있는 방법을 찾는다면 더할 나위 없이 좋지 않을까요? 인간은 자신이 쓸모없는 사람으로 여겨질 때 스스로를 가치 없다고 여기고 스스로 뭔가를 할 동력을 잃어버리기 때문입니다.

지금처럼 학생들이 초등학교 때부터 학원에 의존해 시키는 대로 공부를 하고 숙제를 한다면 점점 자기주도적 학습은 불가능해지겠죠. 이런 상황이 지속된다면 어떻게 될까요?

수학 숙제의 경우를 들어볼까요? 『수학 잘하는 아이는 이렇게 공부합니다』라는 책에 잘 나와 있는데요, 스스로 학습을 못하는 아이는 숙제도 날림으로 하게 됩니다. 이렇게 되면 "계산 실수가 많아지고, 문제를 제대로 읽지 않고 푸는 버릇이 생기고, 집중력 없이 문제 푸는 것이 습관이 되고, 오랫동안 고민해서 문제를 풀려고 들지 않습니다"라고 합니다. AI 시대에는 초등학교 때부터 스스로 공부하는 방법을 익히도록 하는 것이 중요합니다.

미국 스탠퍼드대학교 교육대학원 부학장이자 최고기술책임자인 폴 김 교수는 "실리콘밸리에 있는 기업 대부분은 스스로 배우려는 직원을 원한다. 업무를 일일이 가르치고 방향을 제시해야 하는 직원을 원치 않는다"라고 말합니다.[20] 이 말은 어떤 의미일까요? 스스로 문제를 찾고 해결할 수 있는 사람이 미래의 인재라는 것이죠.

아무리 AI가 미래 사회를 움직이는 핵심 기술이라고 하더라도 자기주도적인 사람은 그 속에서도 자신의 역할을 찾고 새로운 길을 개척해나갈 수 있습니다. 미국에서는 그래서 기업가정신이나 창업 관련 교육이 많이 이루어지고 있고, 많은 성공신화를 만들어내고 있죠.

글로벌 전기차 시장을 선도하는 테슬라의 일론 머스크가 대표적인 사례입니다. 일론 머스크는 조슈아 댄(교장)과 함께 빠르게 변하는 사회에 대비하기 위해 2014년에 전 세계 십대를 대상으로 하는 실험적인 온라인 학교인 '아스트라 노바 스쿨(Astra Nova School)'을 설립했습니다.

▶ **아스트라 노바 스쿨 소개**[21]

SpaceX에서 탄생한 아스트라 노바는 친절하고 독립적이며 대담한 어린이를 위한 실험적인 온라인 학교로, 전 세계 10~14세 학생들이 이용할 수 있습니다.

Born at SpaceX, Astra Novais an experimental online school for kind, independent, and daring kids—available worldwide to students ages 10-14.

조슈아 댄 교장은 현재의 십대에게 필요한 역량에 대해 "앞으로 인간은 인간과 비슷하거나 거의 같은 AI와 공존하고 협업할 수밖에 없다. 현재 전문적 지식이나 기술이라고 하는 것은 대부분 AI가 대신할 수 있다"라고 하면서 "AI 시대 인간은 '판단'을 내리는 존재다. AI가 제공하는 지식이나 기술을 이해하고 활용하기 위해선 판단이 중요하다"라고 말합니다.[22]

그래서 이곳은 AI 시대에 대응하기 위한 미래 인재를 육성하는 학교로, 학생들이 복잡하고 다양한 문제를 스스로 분석하고 해결해보는 교육과정을 운영하고 있습니다. 풀 타임, 파트 타임으로 학교에 등록할 수 있으며, Block 0~5까지의 교육과정이 있습니다. 각 Block에는 컴퓨터 프로그래밍부터 과학, 철학, 예술, 역사 등의 수업이 있습니다.

▶ Winter 22/23, 금요일(9am~10am, 태평양 표준시) Block 1 교육과정[23]

〔마음, 의식, 그리고 인공지능 Mind, Consciousness & AI〕

인공지능도 의식을 가질 수 있을까요? 만약 그렇다면 어떻게 알 수 있을까요? 그리고 의식이란 무엇인가요? 마음은 뇌와 어떻게 연결될까요? 인간과 동물의 마음은 어떻게 다른가요? 이 강의에서는 이러한 질문에 대한 철학적 접근법 등을 논의합니다.

〔동물 생체역학 Animal Biomechanics〕

눈표범은 일반적인 스쿨버스보다 더 오래 뛸 수 있는데 왜 동물들은 그렇지 못할까요? 이 수업에서는 동물의 생체역학, 즉 동물이 어떻게 움직이고 환경과 상호작용하는지 살펴봅니다. 생체역학은 빠르게 달리는 로봇을 만드는 것부터 벨크로를 발명하는 것까지 다양한 기술에 영감을 줬습니다. 마지막 그룹 프로젝트에서는 생체역학에 대한 지식을 활용해 맞춤형 스쿠버 슈트를 디자인합니다.

〔엘비오의 세계 Elvio's World〕

이 수업에서는 응용 과학과 공학적 원리가 생생하게 구현됩니다. 엘비오 백작의 세계에서는 무엇이든 가능합니다!

〔파이썬 중급 Python Intermediate(AI/ML, 데이터 과학)〕

머신러닝과 AI는 자율주행자동차를 프로그래밍하고, 체스를 두는 컴퓨터를 만들고, 몇 개의 문장으로만 예술 작품을 만들고, 데이터를 분석해 예측을 하는 등 경외심을 불러일으키는 일들을 하는 데 사용되고 있습니다. 이 강의에서는 이러한 애플리케이션에 사용되는 파이썬 소프트웨어에 대해 배웁니다.

[미생물과 나 Microbes and Me]

이 강좌에서는 면역학 및 미생물학의 기초를 다룹니다. 바이러스부터 박테리아, 기생충에 이르기까지 인간이 미생물과 어떻게 상호 작용하는지 살펴봅니다! 매주 다양한 미생물의 렌즈를 통해 면역학의 새로운 주제에 대해 배웁니다. 백신이 어떻게 만들어지고 왜 효과가 있는지, 마이크로바이옴과 우리가 직감을 믿어야 하는 이유, 박쥐의 면역 체계가 우리와 어떻게 다른지, 박쥐가 위험한 바이러스를 우리에게 옮길 수 있는 이유, 기생충이 어떻게 우리의 생각을 조종할 수 있는지 등 다양한 주제가 다뤄질 것입니다. 수업은 대화형 강의와 토론이 혼합된 형태로 진행됩니다. 수강생에게는 주제 중에서 선택하거나 수업 주제를 제안할 수 있는 기회도 주어집니다.

[팬 픽션 Fan Fiction]

좋아하는 소설이나 시리즈에서 캐릭터와 설정을 가져와 스핀오프해 새로운 모험을 만드는 방법을 배워보세요.

[표본으로서의 지구 Earth as the Example]

지진과 오랜 세월, 날씨와 파도, 화성암과 빙하기. 이 입문 지질학 수업에서는 지구와 관련된 모든 것을 탐구합니다. 내핵에서 성층권에 이르기까지 지구와 관련된 모든 것을 학생 수준에 맞는 실제 사례를 사용해 탐구합니다.

[드로잉 스튜디오 Drawing Studio]

이 수업은 모든 수준의 학생들을 대상으로 드로잉에 대한 심도 있는 탐구입니다. 이 실습 과정에서는 전문적인 재료를 사용해 관찰과 상상력을 바탕으로 표현력이 풍부하고 독창적인 예술 작품을 만듭니다. 스케치 및 음영과 같은 드로잉 기술을 쌓는 것 외에도 학생들은 면밀한 관찰, 시각적 관계, 인내심에 대해서도 배우게 됩니다.

[경쟁 프로그래밍 입문 Introduction to Competitive Programming]

이 과정에서는 매주 ACM-ICPC, TopCoder, ICFP와 같은 이전 프로그래밍 경시대회에서 출제된 프로그래밍 문제를 탐구합니다. 기존 프로그래밍 지식을 테스트하게 됩니다. 두뇌를 긴장시킨 후 이러한 문제에 접근하고, 공부하고, 해결하는 방법에 대해 논의할 것입니다.

〔ABC〕

수수께끼, 합성 및 기업 협업의 개념을 혼합한 ABC 과정은 의사 결정에 관한 것입니다. 의사결정은 어떻게 이루어질까요? 어떤 결정을 내릴 때 고려해야 할 가치는 무엇인가요? 인생, 비즈니스, 사회에서 의사결정의 장단점을 명확히 파악하고 잠재적인 결과를 평가하는 방법은 무엇일까요? 게임, 스타트업, 거대 기업, 정치인, 개인의 렌즈를 통해 동기와 결정을 살펴봅니다.

〔소행성 수색팀 Asteroid Search Team〕

전문가 수준의 천체물리학 소프트웨어와 데이터를 사용해 미확인 소행성을 검색합니다. 2020년 1월 이후 학생들은 100개 이상의 예비 발견을 확인했으며 19개의 잠정 발견을 확인했습니다. 잠정 발견은 NASA의 소행성 센터에 의해 분류되며, 학생은 발견자로 등재되고 명명권이 부여됩니다. 이번 학기에는 천체 관측과 소행성에 관한 수업이 더 추가될 예정입니다.

아스트라 노바 스쿨 교육과정에서도 보듯이, 앞으로 미래 인재에게 어떤 역량이 필요한지 알겠죠. 단순 지식 습득보다 여러분 스스로 메타인지를 활용해 스스로 질문해보고, 문제를 발견하고, 다양한 각도에서 문제를 분석해 해결해보는 게 중요해질 수밖에 없습니다.

특히 자신의 생각을 표현해보는 게 중요합니다. 자신의 생각에 대해 판단하는 능력인 메타인지가 낮다면, 자기 생각을 표현하는 힘도 약할 수밖에 없겠죠.

챗GPT에게 "디지털 네이티브가 될수록 자신의 생각을 표현하는 게 약해지는 것 같은데 어떻게 생각해?"라고 질문해봤습니다.

이에 "디지털 네이티브일수록 정보의 과잉에 노출될 수 있기 때문에 자신의 생각을 정리하고 구조화하는 능력을 갖추는 것이 중요하다"고 이야기합니다.

 '디지털 네이티브로서 자신의 생각을 표현하는 것'에 대한 챗GPT의 답변

디지털네이티브들이 자신의 생각을 표현하는 것이 약해지는 것은 일부 사례에서는 사실일 수 있습니다. 그 이유는 디지털네이티브들은 디지털 기술이 발달한 환경에서 성장한 만큼, 소셜미디어나 인터넷 등에서 다양한 정보를 접하며 정보의 과잉에 노출될 가능성이 높아졌기 때문입니다. 이러한 상황에서 디지털네이티브들은 정보의 양에 쉽게 노출되어, 자신의 생각을 표현하는 것이 어려워지는 경우가 있습니다. 또한, 소셜미디어에서는 간단하고 짧은 내용으로 자신의 생각을 표현하는 것이 요구되기 때문에, 긴 글이나 복잡한 생각을 표현하는 것이 어려워지는 경우도 있습니다.

하지만 이러한 상황에서 디지털네이티브들이 자신의 생각을 잘 표현하기 위해서는, 정보의 양을 줄이고, 자신의 생각을 정리하고 구조화하는 능력을 갖추는 것이 중요합니다. 또한, 소셜미디어에서 간결하면서도 명확한 표현력을 갖추는 것이 중요하며, 이를 위해서는 다양한 글쓰기 연습이 필요합니다.

또한, 디지털네이티브들이 자신의 생각을 표현하는 데에 어려움을 느끼는 것은 디지털 기술의 발전과 더불어 읽기와 쓰기의 관습이 변화하는 것이기도 합니다. 이러한 변화에 대응하기 위해서는 끊임없이 변화하는 디지털 환경에 적응하며, 자신의 생각을 효과적으로 표현하는 능력을 계속해서 향상시키는 것이 필요합니다.

미국의 유명 대학 중 하나인 세인트존스는 1696년에 설립되었는데요, 이 학교는 인문고전 100여 권을 4년 동안 읽는 인문학 수업 중심의 학교입니다. 1학년 때부터 4학년 때까지 호메로스의 『오디세이아』, 플라톤의 『국가』, 마키아벨리의 『군주론』, 셰익스피어의 『리어 왕』, 프로이트의 『정신분석학 입문』 등의 인문고전을 읽고 토론을 하는데요, 『세인트존스의 고전 100권 공부법』의 저자 조한별은 세인트존스 수업에 대해 "수업은 100% 토론식이에요. 강사는 '프로페서(professor)'가 아니라 '튜터(tutor)'로 불리는데, 학생과 동등하게 토론에 참여하죠. 수업시간에 말을 안 하는 학생은 배움의 의지가 없다는 평가를 받고 학교를 떠나야 합니다"[24]라고 말합니다.

세인트존스의 교육 방식은 앞으로 더 많은 학교에 도입되지 않을까요? 지식보다 자기주도적으로 문제를 해결해야 하는 세상에서는 말이죠. 여러분이 앞으로 해야 할 진로 선택도 이와 같겠죠. 여러분이 무엇을 좋아하고 싫어하는지, 무엇을 잘하고 못하는지를 알면 자신의 진로도 스스로 설정할 수 있습니다.

작가 알랭 드 보통은 저서 『뭐가 되고 싶냐는 어른들의 질문에 대답하는 법』에서 직업에 대해 '누군가의 문제가 해결되도록 도와주는 일'이라고 정의했습니다. 그는 세상에 필요한 일을 알아내려면 평소에 아직 해결하지 않은 문제가 뭐가 있는지 잘 살펴보라고 권합니다.

문제해결 방법에 맞는 직업을 찾아보거나 사업을 구상해보는 연습을 꾸준히 하면 진로를 개척하는 안목도 생기지 않을까요? 여러분이 메타인지를 통해 주체적인 사람이 될 수 있는 가장 좋은 방법이라고 생각합니다.

Chat GPT

미주

1장

1. chosun.com/economy/tech_it/2022/12/08/PF66T7D56JBILMKTZL5TT2CRGQ/

2. ajunews.com/view/20221225135602822

3. newsis.com/view/?id=NISX20230228_0002208825&cID=10601&pID=10600

4. yna.co.kr/view/AKR20230302088700017?input=1195m

5. news.mt.co.kr/mtview.php?no=2023030209423998722

6. chosun.com/national/education/2023/01/22/25IOJAVOIBB6HLWY5QES4DIENA

7. chosun.com/economy/economy_general/2023/03/02/YN3NEQFZLVAXLFZI2347JGNR2Q/

8. 임언·안재영·권희경, 〈인공지능(AI) 시대의 직업 환경과 직업교육〉, 한국직업능력개발원, 2017, p.137.

9. terms.naver.com/entry.naver?docId=3380960&cid=42171&categoryId=58268

10. chosun.com/national/education/2023/01/22/25IOJAVOIBB6HLWY5QES4DIENA/

11. mk.co.kr/news/society/10670503

12. mk.co.kr/news/society/10670503

13. news.mtn.co.kr/news-detail/2023030716400257740

14. 마틴 메이어·레네 메이어 하일, 김효정 옮김, 『최고의 교육은 어떻게 만들어지는가』, 북하우스, 2015

15. biz.chosun.com/science-chosun/science/2023/02/16/T7VOUW4ERVDVXEVSOTRMWC22EE/?utm_source=naver&utm_medium=original&utm_campaign=biz

16. news.mt.co.kr/mtview.php?no=2023021312543038701

17. contents.history.go.kr/mobile/kc/view.do?levelId=kc_n306500

3장

1. 한국리서치 정기조사 여론 속의 여론(표본수: 1,000명, 조사기간: 2021년 3월 19~22일)

2. 한국언론진흥재단 미디어연구센터 온라인 설문조사(표본수: 1,000명, 2023년 3월 29일~2023년 4월 2일)

3. 에릭 브린욜프슨·앤드루 매카피, 정지훈·류현정 옮김, 『기계와의 경쟁』 틔움, 2013

4. chosun.com/economy/tech_it/2023/03/16/W5ESFDS6VFHKJCTZA7ZE4EZL6Q/

5. ajunews.com/view/20221225135602822

6. etoday.co.kr/news/view/2218582

7. etoday.co.kr/news/view/2218582

8. fnnews.com/news/202303261217563712

9. biz.chosun.com/international/international_general/2023/02/27/GJ72F4RUVZE5PDDXXSFC3ICAME/

10. mbn.co.kr/news/economy/4911994

4장

1. 김정운, 『에디톨로지』 21세기북스, 2014

2. chosun.com/economy/economy_general/2023/03/02/QMA6Z6I5UNASNOQP74V4AFJQDI/

3. news.unn.net/news/articleView.html?idxno=534660

4. eiec.kdi.re.kr/publish/naraView.do?fcode=00002000040000100002&cidx=13097&sel_year=2022&sel_month=05&pp=20&pg=1

5. newspim.com/news/view/20230419000983

6. digitaltoday.co.kr/news/articleView.html?idxno=241131

7. 유발 하라리, 재레드 다이아몬드, 닉 보스트롬, 린다 그랜튼 외 4명 공저, 오노 가즈모토·정현옥 옮김, 『초예측』 웅진지식하우스, 2019

8. 조지 앤더스, 김미선 옮김, 『왜 인문학적 감각인가』 사이, 2018

9. 김윤정, 『EBS 당신의 문해력』 EBS BOOKS, 2021

10. 교육부, 〈OECD 국제 학업성취도 비교 연구(PISA 2018) 결과 발표〉, 2019

11. 한국교육과정평가원, 〈OECD 국제 학업성취도 평가 연구: PISA 2018 결과 보고서〉, 2019

미주

12. 교육부, 〈OECD 국제 학업성취도 비교 연구(PISA 2018) 결과 발표〉, 2019

13. 한국교육과정평가원, 〈OECD 국제 학업성취도 평가 연구: PISA 2018 결과 보고서〉, 2019

14. donga.com/news/Opinion/article/all/20230314/118314795/1

15. 박제원, 『학교 속 문해력 수업』, EBS BOOKS, 2022

16. 박경수, 『상위 1%로 가는 초등 노트 습관』, 포르체, 2021

17. 박주용, 『생각은 어떻게 글이 되는가』, 쌤앤파커스, 2020

18. 관계부처 합동, 〈인공지능시대 교육정책방향과 핵심과제: 대한민국의 미래 교육이 나아가 야 할 길〉, 2020

19. 리사 손, 『메타인지 학습법』, 21세기북스, 2019

20. edu.chosun.com/site/data/html_dir/2023/01/16/2023011600863.html

21. astranova.org/

22. joongang.co.kr/article/23950608#home

23. ehsjbc7m.paperform.co/

24. joongang.co.kr/article/19670318#home

Chat GPT

■ 독자 여러분의 소중한 원고를 기다립니다

메이트북스는 독자 여러분의 소중한 원고를 기다리고 있습니다. 집필을 끝냈거나 집필중인 원고가 있으신 분은 khg0109@hanmail.net으로 원고의 간단한 기획의도와 개요, 연락처 등과 함께 보내주시면 최대한 빨리 검토한 후에 연락드리겠습니다. 머뭇거리지 마시고 언제라도 메이트북스의 문을 두드리시면 반갑게 맞이하겠습니다.

■ 메이트북스 SNS는 보물창고입니다

메이트북스 홈페이지 matebooks.co.kr

홈페이지에 회원가입을 하시면 신속한 도서정보 및 출간도서에는 없는 미공개 원고를 보실 수 있습니다.

메이트북스 유튜브 bit.ly/2qXrcUb

활발하게 업로드되는 저자의 인터뷰, 책 소개 동영상을 통해 책에서는 접할 수 없었던 입체적인 정보들을 경험하실 수 있습니다.

메이트북스 블로그 blog.naver.com/1n1media

1분 전문가 칼럼, 화제의 책, 화제의 동영상 등 독자 여러분을 위해 다양한 콘텐츠를 매일 올리고 있습니다.

메이트북스 네이버 포스트 post.naver.com/1n1media

도서 내용을 재구성해 만든 블로그형, 카드뉴스형 포스트를 통해 유익하고 통찰력 있는 정보들을 경험하실 수 있습니다.

STEP 1. 네이버 검색창 옆의 카메라 모양 아이콘을 누르세요. STEP 2. 스마트렌즈를 통해 각 QR코드를 스캔하시면 됩니다.
STEP 3. 팝업창을 누르시면 메이트북스의 SNS가 나옵니다.